新营销·新电商

爆款
短视频文案创作指南

全彩版

电商教育 / 编著

 中国水利水电出版社
www.waterpub.com.cn
·北京·

内容提要

《爆款短视频文案创作指南》是一本专为短视频新手、短视频爱好者、直播爱好者,以及没有任何经验但又想创作出热门短视频、高效率写出优质文案的读者而编写的教程。本书主要讲解了短视频文案的创作技巧、短视频策划与运营和文案美化、撰写短视频脚本和直播带货文案等内容。

本书内容分为3篇：第1篇为短视频文案写作技巧篇（第1~5章），主要讲解了初识短视频文案、好文案怎么写、27个创意文案的写作技巧、撰写短视频脚本，以及有趣的标题，让作品脱颖而出；第2篇为短视频文案提高篇（第6~8章），主要讲解了创作不同风格的文案、短视频文案的排版与美化技巧、短视频文案的测试与优化；第3篇为直播带货文案与短视频运营篇（第9和10章），主要讲解了撰写直播带货文案，以及掌握短视频策划与运营，让文案更精准。

本文内容翔实，条理清晰，图文并茂，是短视频文案创作爱好者的读物，也可作为短视频文案创作新手的培训教材。

图书在版编目（CIP）数据

爆款短视频文案创作指南 / 电商教育编著 . -- 北京：中国水利水电出版社，2024.5
ISBN 978-7-5226-2404-4

Ⅰ.①爆… Ⅱ.①电… Ⅲ.①网络营销－营销策划－指南 Ⅳ.① F713.365.2-62

中国国家版本馆 CIP 数据核字（2024）第 066475 号

丛 书 名	新营销·新电商
书 名	爆款短视频文案创作指南 BAOKUAN DUANSHIPIN WEN'AN CHUANGZUO ZHINAN
作 者	电商教育　编著
出版发行	中国水利水电出版社 （北京市海淀区玉渊潭南路1号D座　100038） 网址：www.waterpub.com.cn E-mail：zhiboshangshu@163.com 电话：（010）62572966-2205/2266/2201（营销中心）
经 售	北京科水图书销售有限公司 电话：（010）68545874、63202643 全国各地新华书店和相关出版物销售网点
排 版	北京智博尚书文化传媒有限公司
印 刷	北京富博印刷有限公司
规 格	148mm×210mm　32开本　5印张　157千字
版 次	2024年5月第1版　2024年5月第1次印刷
印 数	0001—3000册
定 价	59.80元

凡购买我社图书，如有缺页、倒页、脱页的，本社营销中心负责调换
版权所有·侵权必究

前 言

Preface

在这个信息爆炸的时代,短视频已成为人们获取信息、娱乐和学习的重要途径。抖音作为全球最大的短视频平台之一,更是引领了短视频潮流。在这个短视频的海洋中,如何让短视频的内容脱颖而出,成为流量的宠儿,关键就在于文案。优秀的文案能为短视频增色添彩,让内容更具有吸引力和传播力。

本书立足于短视频文案的实际应用,从初识短视频文案到短视频策划与运营,力求为读者提供一套完整的短视频文案指南。在这里,读者将学会到如何挖掘出更有趣、更新颖的文案创意,用文字为短视频赋予崭新的内容。

本书至少包括以下内容:

- 7 种短视频文案的形式。
- 14 种模板公式直接套用。
- 6 种增加短视频曝光量的文案方法。
- 4 种文案写作的常用原则。
- 27 个创意文案的写作技巧。
- 8 种短视频脚本文案撰写。
- 16 种常见的标题形式。
- 创作 13 种不同风格的文案。
- 6 种短视频文案字体与效果。
- 5 种常见的短视频文案排版类型。
- 9 种直播带货文案的撰写。
- 5 个短视频运营的基础知识。
- 5 大热门短视频要素。
- 11 种短视频策划和运营技巧。

为了让读者更好地精通短视频,本书将赠送以下内容(请按照封面前勒口中的说明进行下载)。
- 《1000个短视频达人账号名称》电子书。
- 《200个直播带货达人账号名称》电子书。
- 《30秒搞定短视频策划》电子书。

注意： 由于抖音、剪映等App或软件的功能时常更新，本书所示内容与读者实际使用的App界面、按钮、功能、名称可能会存在区别，但基本不影响短视频文案的实际应用。同时，作为创作者也要时刻关注平台动向以及政策要求，创作符合平台规范的作品。

本书由电商教育编著，其中，曹茂鹏、瞿颖健担任主要编写工作，参与本书编写和资料整理的还有杨力、瞿学严、杨宗香、曹元钢、张玉华、孙晓军等人。在此一并表示感谢。

编　者

目 录
Contents

第 1 篇　短视频文案写作技巧篇

第 1 章　初识短视频文案 002

1.1　短视频文案的基础知识 003
 1.1.1　认识短视频 003
 1.1.2　认识短视频文案 004
 1.1.3　短视频文案的创作流程 005
 1.1.4　文案创作前的准备工作 006
 1.1.5　短视频文案写作的关键点... 006
1.2　短视频文案创作的常见形式 007

1.2.1　标题文案 007
1.2.2　开场白文案 008
1.2.3　视频说明文案 009
1.2.4　互动交流文案 010
1.2.5　推广营销文案 011
1.2.6　事件营销文案 012
1.2.7　创新文案 013

第 2 章　好文案怎么写 016

2.1　文案写作的常用原则 016
 2.1.1　AIDA 原则 016
 2.1.2　4C 原则 017
 2.1.3　KISS 原则 017
 2.1.4　其他原则 017
2.2　套用模板，轻松写出高赞文案 .. 019
 2.2.1　引人入胜的开头 + 话题
   焦点 + 引发好奇心 019
 2.2.2　烘托氛围 + 突出主题 +
   激发求知欲 020
 2.2.3　吸引眼球的开头 + 主题
   突出 + 提升期待感 020
 2.2.4　制造悬念 + 突出亮点 +
   引发好奇心 020
 2.2.5　激发情感 + 突出特点 +
   展示效果 021

2.2.6　明确目标 + 时间限定 +
   展示成果 021
2.2.7　古今对比 + 突出主题 +
   诱发向往 021
2.2.8　引导关注 + 突出主题 +
   激发好奇心 022
2.2.9　视觉冲击 + 突出主题 +
   引发向往 022
2.2.10　提出问题 + 突出特点 +
   展示效果 022
2.2.11　惊喜元素 + 突出主题 +
   邀请参与 023
2.2.12　转折关系 + 突出主题 +
   邀请参与 024
2.2.13　数字引导 + 突出主题 +
   展示效果 024

2.2.14 紧扣情感需求点 + 突出主题 + 引发求知欲 024
2.3 增加短视频曝光量的 6 种文案方法 024
 2.3.1 创意新颖 025
 2.3.2 语言简洁 025
 2.3.3 突出卖点 025
 2.3.4 营造情感共鸣 026
 2.3.5 利用数据支撑 026
 2.3.6 创造互动 026
2.4 好文案，善于抓住"需求点" 026
 2.4.1 以"便携式充电宝"文案为例 027
 2.4.2 以"减肥营养餐"文案为例 027
 2.4.3 以"心理咨询"文案为例 027
 2.4.4 以"儿童防走失手环"文案为例 027
 2.4.5 以"家政保洁"文案为例 027

第 3 章　27 个创意文案的写作技巧 028

3.1 引起好奇心 029
3.2 制造猎奇心理 029
3.3 利用趣味性 030
3.4 展示产品的优势 030
3.5 挖掘观众的共同经历 031
3.6 制造热点话题 031
3.7 利用身份认同 031
3.8 运用个性化 031
3.9 制造情感共鸣 032
3.10 利用数量吸引观众 032
3.11 传递正能量 033
3.12 利用品牌口号 033
3.13 利用名人效应 034
3.14 利用专家权威 034
3.15 运用悬念 034
3.16 利用对比 035
3.17 利用创意 035
3.18 利用亲密感 035
3.19 利用时事热点 036
3.20 利用美好憧憬 036
3.21 利用趣味性 036
3.22 针对观众关心的问题 037
3.23 利用生活实用 037
3.24 利用幽默感 038
3.25 利用讨论话题 038
3.26 利用身边故事 039
3.27 利用押韵的句子 039

第 4 章　撰写短视频脚本 040

4.1 短视频脚本的概念及撰写 ... 041
 4.1.1 短视频脚本的组成部分 041
 4.1.2 如何撰写短视频脚本 042
4.2 短视频脚本实战 043
 4.2.1 "火锅店宣传"短视频脚本 043
 4.2.2 "三亚旅行"短视频脚本 044
 4.2.3 "日常 Vlog"短视频脚本 045
 4.2.4 "美妆"短视频脚本 046
 4.2.5 "旧房改造"短视频脚本 047
 4.2.6 "乡村古法手工豆腐"短视频脚本 048

4.2.7	"剧情反转"短视频脚本 049	4.2.8	"多肉植物种植"短视频脚本 050

第 5 章　有趣的标题，让作品脱颖而出 052

5.1 标题，短视频的第一印象..........053
- 5.1.1 短视频标题的重要性 053
- 5.1.2 短视频标题设计的一般原则 054

5.2 16 种常见的标题形式................055
- 5.2.1 "提问式"标题 055
- 5.2.2 "指令式"标题 055
- 5.2.3 "悬念式"标题 056
- 5.2.4 "对比式"标题 057
- 5.2.5 "数字式"标题 057
- 5.2.6 "速成法"标题 058
- 5.2.7 "情感共鸣"标题 059
- 5.2.8 "惊喜元素"标题 059
- 5.2.9 "挑战性"标题 060
- 5.2.10 "引导式"标题 061
- 5.2.11 "跨界式"标题 061
- 5.2.12 "趣味对战"标题 062
- 5.2.13 "暖心"标题 062
- 5.2.14 "经验分享"标题 063
- 5.2.15 "穿越时空"标题 063
- 5.2.16 "夸张手法"的标题 064

第 2 篇　短视频文案提高篇

第 6 章　创作不同风格的文案 066

6.1 产品介绍文案：无霜冰箱..........067
- 6.1.1 生动形象风格 067
- 6.1.2 热情洋溢风格 067
- 6.1.3 简洁明了风格 067
- 6.1.4 专业严谨风格 068
- 6.1.5 实用时尚风格 068

6.2 测评类短视频文案：咖啡机....068
- 6.2.1 指导建议风格 069
- 6.2.2 专业分析风格 069
- 6.2.3 品牌推荐风格 069
- 6.2.4 个人经验风格 069
- 6.2.5 贴心解答风格 069

6.3 美食类短视频文案：麻辣鸭脖..070
- 6.3.1 生猛霸道风格 070
- 6.3.2 轻松幽默风格 070
- 6.3.3 温馨感人风格 070
- 6.3.4 专业严谨风格 071
- 6.3.5 惊喜礼物风格 071

6.4 时尚类短视频文案：夏季穿搭..071
- 6.4.1 知识普及风格 072
- 6.4.2 搭配技巧风格 072
- 6.4.3 实用推荐风格 072
- 6.4.4 流行趋势风格 072
- 6.4.5 个人喜好分享风格 072

6.5 生活类短视频文案：你不知道的香蕉花..........................073
- 6.5.1 科普知识风格 073
- 6.5.2 乡村风味风格 073
- 6.5.3 零消费环保风格 074
- 6.5.4 创意菜肴风格 074

6.6 家居家装类短视频文案：DIY 旧房改造 074
- 6.5.5 健康养生风格 074
- 6.6.1 自我坚定风格 074
- 6.6.2 热情洋溢风格 075
- 6.6.3 创意技巧风格 075
- 6.6.4 情感关怀风格 075
- 6.6.5 探索挑战风格 075

6.7 萌宠类短视频文案：家有猫咪 076
- 6.7.1 温柔呵护风格 076
- 6.7.2 开心互动风格 076
- 6.7.3 细心聆听风格 076
- 6.7.4 健康关怀风格 077
- 6.7.5 舒适贴心风格 077

6.8 科普类短视频文案：月球 077
- 6.8.1 诗情画意风格 078
- 6.8.2 幽默干货风格 078
- 6.8.3 科普专业风格 078
- 6.8.4 感性情感风格 078
- 6.8.5 趣味十足风格 078

6.9 才艺技能类短视频文案：插花花器的选择 078
- 6.9.1 艺术美学风格 079
- 6.9.2 功能性实用风格 079
- 6.9.3 环保可持续风格 079
- 6.9.4 DIY 创意风格 080
- 6.9.5 经济实惠风格 080

6.10 旅行类短视频文案：丽江旅行 080
- 6.10.1 美食体验风格 081
- 6.10.2 民俗文化风格 081
- 6.10.3 自然景观风格 081
- 6.10.4 亲子旅游风格 081
- 6.10.5 徒步旅行风格 081

6.11 "三农"类短视频文案：古法制作腊八蒜 081
- 6.11.1 古法制作风格 082
- 6.11.2 地道乡味风格 082
- 6.11.3 健康营养风格 082
- 6.11.4 个性口味风格 083
- 6.11.5 厨艺秘笈风格 083

6.12 运动健身类短视频文案：家庭瑜伽 083
- 6.12.1 激励鼓舞风格 083
- 6.12.2 温和关怀风格 084
- 6.12.3 健身塑形风格 084
- 6.12.4 健康养生风格 084
- 6.12.5 亲子活动风格 084

6.13 情感类短视频文案：一个人在一座陌生城市 084
- 6.13.1 自我激励的情感风格 085
- 6.13.2 冒险探索的情感风格 085
- 6.13.3 展现真实的情感风格 085
- 6.13.4 坚定目标的情感风格 085
- 6.13.5 放松自己的情感风格 086

第 7 章 短视频文案的排版与美化技巧 087

7.1 短视频文案的字体与效果 088
- 7.1.1 选择合适的文案字体 088
- 7.1.2 设置恰当的字体颜色 088
- 7.1.3 文案字体的大小 090
- 7.1.4 文案字体的样式 091
- 7.1.5 多文案组合 091
- 7.1.6 为文案添加动画 092

7.2 短视频文案的排版 092
- 7.2.1 "满版型"文案版式布局 092
- 7.2.2 "中心型"文案版式布局 093
- 7.2.3 "经典型"文案版式布局 093
- 7.2.4 "倾斜型"文案版式布局 094

7.2.5 "自由型"文案版式布局 094
7.3 在"剪映"App 中创建不同的
文字效果 095
7.4 在"剪映"App 中将语音转
文字 096
7.5 在"剪映"App 中使用"文字
模板" 098
7.6 在"剪映"App 中创建文字
动画效果 101

第 8 章 短视频文案的测试与优化 104

8.1 A/B 测试：锁定优质文案 105
    8.1.1 A/B 测试概述 105
    8.1.2 A/B 测试案例分析 105
8.2 文案优化技巧 107
    8.2.1 标题优化 107
    8.2.2 描述优化 108
    8.2.3 正文优化 109
    8.2.4 互动交流优化 110
8.3 把 5 种"不完善的文案"，改为
"优秀的文案" 111

8.3.1 不完善 VS 优秀的"洗发水短视
频"文案 111
8.3.2 不完善 VS 优秀的"健身类短视
频"文案 112
8.3.3 不完善 VS 优秀的"美食类短视
频"文案 113
8.3.4 不完善 VS 优秀的"化妆类短视
频"文案 114
8.3.5 不完善 VS 优秀的"多肉植物种
植短视频"文案 114

第 3 篇　直播带货文案与短视频运营篇

第 9 章 撰写直播带货文案 118

9.1 认识直播带货文案 119
    9.1.1 直播带货文案的主要
内容 119
    9.1.2 直播带货文案的写作
技巧 119
9.2 直播带货"暖场"的文案 120
9.3 直播带货介绍"产品"的
文案 121
9.4 直播带货介绍"福利品"
的文案 122
9.5 直播带货介绍"销量品"
的文案 123
9.6 直播带货介绍"利润品"
的文案 123
9.7 直播带货"发福利"的文案 124
9.8 直播带货"观众互动"的
文案 124
9.9 直播带货"直播间留人"
的文案 125
9.10 直播带货"促单"的文案 126

第 10 章 掌握短视频策划与运营，让文案更精准 127

- 10.1 短视频运营的 5 个基础知识 128
  - 10.1.1 新手账号如何起名 128
  - 10.1.2 确定账号的目标人群 129
  - 10.1.3 分析目标人群需求，精准输出作品 129
  - 10.1.4 IP 人设要立好 130
  - 10.1.5 了解抖音短视频推荐机制 132
- 10.2 热门短视频的 5 大要素 133
  - 10.2.1 提高"完播率"的小技巧 134
  - 10.2.2 提高"互动率"的小技巧 134
  - 10.2.3 提高"点赞率"的小技巧 135
  - 10.2.4 提高"分享率"的小技巧 136
  - 10.2.5 提高"复播率"的小技巧 136
- 10.3 短视频策划和运营技巧 137
  - 10.3.1 重复的文案，增强视觉冲击 137
  - 10.3.2 反向文案，视频更容易热门 138
  - 10.3.3 标题文案怎么做更吸引人 139
  - 10.3.4 视频策划，玩的就是混搭 140
  - 10.3.5 文案直观展示最终结果 141
  - 10.3.6 掌握作品发布的"黄金"时间 142
  - 10.3.7 发布定位，锁定同城用户 143
  - 10.3.8 带着"话题"发布作品 143
  - 10.3.9 好作品，投 DOU+ 144
  - 10.3.10 分析作品数据，掌握成败原因 146
  - 10.3.11 知己知彼，精准分析视频数据 147

第1篇
短视频文案写作技巧篇

第 1 章

初识短视频文案

本章内容简介

本章作为全书基础,主要介绍短视频文案的概念、创作流程、准备工作以及写作的清晰步骤。熟悉短视频文案的常见类型,旨在为读者在正式编写短视频文案前奠定基础。

重点知识掌握

- 短视频文案的概念。
- 短视频文案创作流程的概念。
- 短视频文案常见形式的概念。

1.1 短视频文案的基础知识

1.1.1 认识短视频

短视频可以理解为时长较短的视频短片，通常在 5 分钟之内。短视频是随着互联网兴起的一种以自媒体为主要媒介的传播形式。与以往的电影、电视剧不同，短视频具有制作难度低、生成周期短、普及度高、影响范围大、传播速度快的特征。短视频的内容丰富，不仅有与微电影相似的剧情类短片，而且也可以是技能分享（化妆、做菜、手工、绘画、舞蹈）、知识分享、产品测评、娱乐搞笑、新闻资讯等。甚至是一段情绪的宣泄、路人的某个举动，甚至宠物之间的互动都可以吸引大量受众者的关注。

好的短视频文案可以增加视频的曝光率、提高用户的留存率和分享率，从而促使短视频内容更好地传播和推广。

认识了什么是短视频，接下来需要了解短视频从无到有的整个过程，也就是短视频制作的基本流程。短视频制作可以分为策划、拍摄、剪辑编辑、上传视频几个步骤。

1. 策划

首先，在拍摄之前要拟定拍摄题材、确定拍摄主题；选题确定后开始构思具体的内容情节。其次，需要将拍摄流程及细节步骤落实到拍摄脚本中，如每个镜头的拍摄地点、拍摄景别、拍摄角度、画面描述、对白、配音内容、字幕、音乐音效、时长等。最后，筹备拍摄过程中需要用到的设备、场地、演员、服装、化妆、道具等。

2. 拍摄

布置拍摄场地及现场灯光，安排演员化妆造型。按照事先制定好的脚本，逐一拍摄每个镜头。拍摄过程中可能会遇到各种不可控因素，要做好备用计划。同时要注意拍摄过程中设备的稳定性。

3. 剪辑编辑

拍摄完毕后，需要对大量的视频片段进行筛选，选出可用片段并导入视频编辑软件中进行剪辑、组合、调色、人物美化、动画、转场、特效、配音、配乐、字幕等方面的编辑操作。待完成后导出，即为完整视频。

4. 上传视频

视频制作完成后就要投放到各个渠道的平台上。需要注意的是，作品的标题、文案、话题甚至是位置定位等信息都会影响短视频的热度，读者可参考当下的热门视频排行榜。

要完成这些步骤，建议新手朋友养成"制订拍摄计划"的好习惯。虽然前期准备比较烦琐，但会大大减少后续工作出现错误的可能性，以提高工作效率。

1.1.2 认识短视频文案

当下，人们每天都面对着巨量的信息流。而短视频的时长较短，同类视频又数量巨大，这就需要在极短的时间内抓住观众的眼球，不仅要在画面上吸引观众，在文案方面也要下足功夫。

短视频文案是指在短视频平台上发布的视频所配合的文字描述或文字片段，用于增强视频内容的表现力和吸引力。这些文案通常是简短的一两句话，旨在概括视频的主题或亮点，同时吸引观众的注意力，让他们更愿意观看视频并与作者互动。

当下，短视频文案的应用场景主要包括短视频社交和短视频电商两个方面，如抖音、快手、微信视频号、小红书、淘宝、微博、知乎、哔哩哔哩等平台。不同平台的视频内容侧重点及视频时长都会略有不同，如抖音、快手、微信视频号、小红书、淘宝等平台的视频时长普遍短，而微博、知乎、哔哩哔哩等平台的视频时长则稍长。

抖音　快手　微信视频号　小红书　淘宝　微博　知乎　哔哩哔哩

1.1.3　短视频文案的创作流程

短视频文案的创作流程一般包括以下几个步骤。

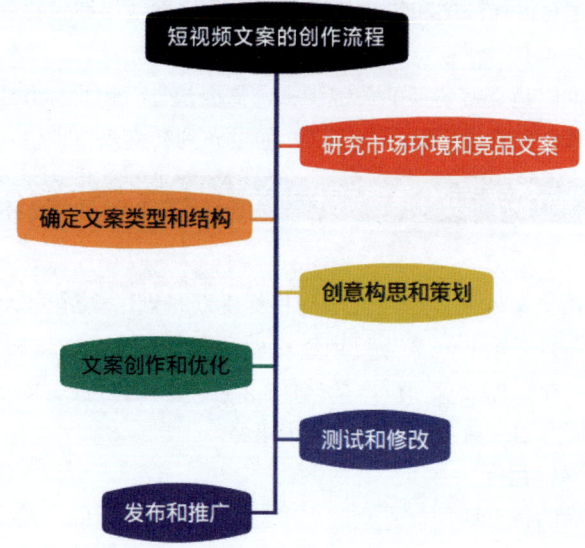

1. 研究市场环境和竞品文案

了解市场环境和竞品文案是重要的市场营销步骤，它能帮助企业把握市场趋势和制订有针对性的营销方案。在短视频营销领域，研究市场环境和竞品文案至关重要，并能提高营销效果和竞争力。

2. 确定文案类型和结构

在文案创作之前，需要先确定文案的类型和结构。不同的文案类型和结构适用于不同的场景和目的，因此需要根据营销目标和受众需求进行选择。

例如，在推广营销方面，常见的文案类型包括品牌故事、产品介绍、用户评价等。常见的文案结构包括开场白、商品描述、卖点等。

3. 创意构思和策划

创意构思和策划是文案创作的关键步骤，需要根据文案类型和结构，通过头脑风暴、竞品分析等方式进行创意构思和策划。

4. 文案创作和优化

文案创作和优化是文案创作的核心环节，需要根据创意构思和策划，采用合适的语言和表达方式，撰写符合营销目标和受众需求的文案，并在创作过程中进行多次修改和优化，使文案更加完善、更加活跃。

5. 测试和修改

文案测试和修改是文案创作的重要环节，需要通过 A/B 测试、数据分析等方式对文案进行测试和优化，进一步提升文案效果和转化率。

6. 发布和推广

发布和推广是文案传播的关键步骤，需要根据营销目标和受众需求，选择合适的渠道与方式进行发布和推广，如发布到社交媒体平台。

1.1.4 文案创作前的准备工作

1. 确定目标受众

首先，在文案创作前，需要明确目标受众是谁，了解目标受众的特点、兴趣和需求，以帮助制作者更好地针对受众者进行文案创作和优化。其次，通过市场调研和目标受众分析，掌握他们的特点和喜好，有助于选择合适的语言风格、情感的经典名言短句和营销策略。

2. 制订营销目标

根据产品的特点和目标受众的需求，制订符合实际的营销目标。这可以提高品牌知名度、增加销量、改善用户体验等。明确营销目标有助于在文案中传递清晰的信息，并引导观众采取相应的行动。

3. 研究竞品和市场环境

通过研究竞品和市场环境，可以了解受众需求和市场趋势，为文案创作提供有价值的参考。观察竞品的文案表达方式、营销策略和受众反馈，可以帮助了解市场的需求和竞争情况，从而更好地制订差异化的文案策略。

1.1.5 短视频文案写作的关键点

写作短视频文案时，可以按照以下思路进行。

1. 确定目标

明确拍摄短视频的目标是推广产品、展示服务、传达品牌形象还是其他目的，确保撰写短视频文案的重点内容。

2. 突出核心信息

确定短视频的核心信息是产品的特点、优势、解决的问题还是其他关键点,将核心信息作为撰写文案的重点。

3. 吸引观众的注意力

使用精彩的开头来吸引观众的注意力,可以使用独特的描述、引人入胜的故事、悬念或幽默元素等。

4. 确保文案简洁明了

短视频文案要尽量简洁明了。用简短的句子或短语表达清楚要传达的信息,避免冗长的叙述。

5. 利用情感和想象力

激发观众的情感和想象力,让他们产生共鸣。使用情感化的词语、形象的比喻或引人入胜的场景来吸引观众。

6. 强调价值和好处

突出产品或服务的价值和好处。告诉观众为什么选择你的产品或服务,如它们能解决问题、提供便利或带来乐趣等。

7. 呼吁行动

在文案中包含明确的呼吁行动,鼓励观众进行互动、分享、购买或其他具体的行动。

8. 校对和浏览

在完成文案后,进行校对和浏览。确保文案没有语法错误、易于理解,并且在实际用户中能产生预期的效果。

1.2 短视频文案创作的常见形式

文案在短视频中的应用形式很多,主要包括标题文案、开场白文案、视频说明文案、互动交流文案、推广营销文案、事件营销文案和创新文案7种形式。

1.2.1 标题文案

标题是短视频的核心内容之一,是用户首先接触到的信息。好的标题可以吸引用户的注意力,让用户产生浏览和点击的欲望,同时也是搜索引擎优化的关键要素之一。因此,制作吸引人的标题非常重要。

1. 标题文案设计的原则和技巧

- **简洁明了**：标题要尽量简洁明了，让用户一眼就能看出内容和主题。
- **突出重点**：把标题中最重要的信息和关键词突出显示，吸引用户注意。
- **引发兴趣**：让标题引起观众的好奇心和兴趣，让用户产生点击和浏览的欲望。
- **贴近实际**：标题要与实际内容相关，避免过度夸张以误导观众。

2. 标题创意的来源和方法

- **竞品分析**：参考竞品的标题，借鉴其优点和特点并进行改编与创新。
- **用户画像**：针对目标用户的兴趣和需求，制作相关的标题，增加用户点击和浏览的可能性。
- **创意思维**：通过创意思维和灵感的启发，制作出与众不同的标题，引起用户的兴趣和好奇心。
- **问答式标题**：使用问答式的标题，引起用户的疑问和思考，激起用户点击和浏览的欲望。

例如，一个品牌发布了一款新品口红，其标题创意可以来源于竞品分析，通过借鉴竞品的优点和特点，制作出简洁明了、突出重点的标题："24小时不掉色，全新口红上市！"

1.2.2 开场白文案

开场白是指在短视频中用于吸引用户关注和引起兴趣的一段文字或语音，通常出现在视频最开始的几秒钟。它是让用户更容易理解视频主题、内容以及吸引用户驻足观看的关键因素。

1. 开场白的基本结构

开场白的基本结构通常包括悬念、引出、简介。悬念是用来激发用户的好奇心；引出是引导用户进入视频内容的桥梁；简介则是用来简短地介绍视频内容或作者的信息。

例如：视频主题是讲述如何化妆，那么开场白可以这样设计。

悬　念	化妆不是只有女孩才能做到的
引　出	男孩也需要化妆，因为一个好的形象能让你更加自信
简　介	今天，我来给大家分享一些关于化妆的小技巧，一起来看看吧

2. 开场白文案的创作技巧和注意事项
- **突出重点**：使用短小精悍的语言，尽可能让开场白的内容更加吸引人。
- **简洁明了**：问候语和引入语要简短明了，避免太过冗长或拖沓。
- **引起共鸣**：通过选取观众喜欢的话题，与观众建立共鸣。
- **使用图片或视频**：在开场白中使用图片或视频，能够增加视觉效果，吸引更多的观众。

例如：一个以摄影作品分享为主要内容的短视频。这个文案的问候语简短直接，使用Hi来打招呼，拉近了和受众的距离。引入语则是通过"超燃的旅拍作品"来引起受众的兴趣和好奇心。核心内容则是希望作品能够给受众者带来的体验和感受。

问候语	Hi，大家好，我是一名摄影师
引入语	今天，我要给大家分享一组超燃的旅拍作品
核心内容	希望这组作品能够带给你们视觉和心灵的双重享受

1.2.3 视频说明文案

视频说明文案是指在短视频中用于描述和介绍视频内容的一段文字或语音，通常出现在视频配文或视频底部的描述栏中。它能够让用户更加清晰地了解视频内容，引起用户观看视频的兴趣。

1. 视频说明文案的基本结构和特点

视频说明文案的基本结构通常包括主题、介绍和呼吁。主题是视频内容的关键词；介绍是对主题进行详细的描述；呼吁则是希望用户进行的行动，如点赞、评论、分享等。

例如：视频主题是讲述如何制作美味的蛋糕，那么视频说明文案可以这样设计：

今天，我们来制作一款美味的草莓蛋糕，它不仅超级美味，而且非常简单易学，快来看看吧。别忘了给我点赞、评论和分享哦！

2. 视频说明文案的创作技巧和注意事项

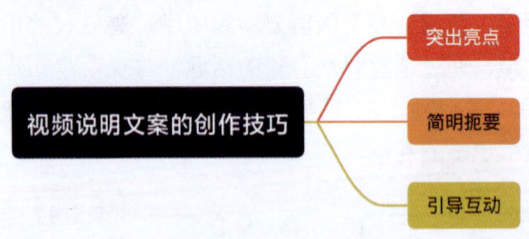

- **突出亮点**：突出视频的亮点，让用户理解视频内容和主题。
- **简明扼要**：简洁明了的语言，让用户在短时间内了解视频内容和主题。
- **引导互动**：在视频说明文案中引导用户进行互动，提高视频的曝光率和用户参与度。

1.2.4 互动交流文案

互动交流文案是指在短视频中用于与用户互动、引导用户进行评论、点赞或分享等行为的一段文字或语音。它能够增加用户的参与度、提高视频的曝光率和传播效果。

1. 互动交流文案的基本结构和特点

互动交流文案的基本结构通常包括提问、回答和呼吁。提问是用来引起用户兴趣和进行互动的问题；回答是用来回答用户问题、引导用户进行互动的语言；呼吁则是希望用户进行的行动，如点赞、评论、分享等。

例如：视频主题是讲述如何做一款健康的早餐，那么互动交流文案可以这样设计：

早餐是一天中最重要的一餐，你们今天吃了什么健康早餐呢？快来评论区留言,和我一起分享你的健康早餐吧!同时别忘了点赞和分享,让更多人看到这个视频。

2. 互动交流文案的创作技巧和注意事项

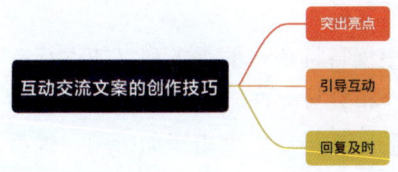

- **突出亮点**:通过互动交流,突出视频的亮点和特色,让用户更加容易理解视频的内容和主题。
- **引导互动**:通过提问、回答等方式,引导用户进行互动,增加用户的参与度和黏性。
- **回复及时**:及时回复用户的评论和留言,提高用户的满意度和信任感。

1.2.5 推广营销文案

推广营销文案是指在短视频中用于推广产品、服务或品牌的一段文字或语音。它能够吸引用户的注意力、提高用户的购买欲望和对品牌的认知度。

1. 推广营销文案的基本结构和特点

推广营销文案的基本结构通常包括引导、介绍和呼吁。引导是引导用户进入视频内容或推广页面的桥梁;介绍是对产品、服务或品牌进行详细的描述;呼吁则是希望用户进行的购买、注册、关注等行为。

例如:推广产品是一款智能手环,那么推广营销文案可以这样设计:

智能手环是健康运动型产品,它的设计旨在为用户提供便捷的生活体验,让你更加了解自己的健康状态。它能够监测你的运动轨迹、心率、睡眠质量等数据,帮助用户提高生活的质量和效率。让你更加健康有活力。现在购买,还可享受优惠价和赠品,快来抢购吧!

2. 推广营销文案的创作技巧和注意事项

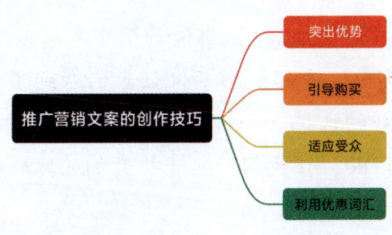

- **突出优势**：通过引导用户了解产品的特点和优势，提高用户购买欲望和品牌认知度。
- **引导购买**：通过呼吁用户进行购买、注册、关注等行为，提高购买转化率和营销效果。
- **适应受众**：根据目标用户的需求和兴趣进行精准的定位与创作，提高受众的黏性和参与度。
- **利用优惠词汇**：在描述中使用诸如折扣、优惠、限时等，吸引受众的注意力并促进转化。

推广营销文案通常用来宣传和推广产品或服务，目的是吸引潜在客户并促进转化。以下是一个推广营销文案的案例。

标 题	新品上市，抢先预订
描 述	全新推出的 × 系列产品，拥有更强大和更智能的功能，现在抢先预订还能享受优惠活动，赶快行动吧

这个文案的标题直接提出了新品上市和抢先预订的信息，同时还利用了抢先和优惠等诱人的词语。描述则进一步介绍了产品的特点和优势，并强调了优惠活动的时间和限定条件。

1.2.6 事件营销文案

事件营销文案是指在短视频中利用时下热点或事件来营销产品、服务或品牌的一段文字或语音。它能够利用事件热度和用户关注度，提高品牌曝光率和传播效果。

1. 事件营销文案的基本结构和特点

事件营销文案的基本结构通常包括引出、事件联系和品牌关联。引出是引起用户兴趣和关注的一句话或语音；事件联系是联系当前事件或热点和品牌或产品的关系；品牌关联则通过事件或热点来提高品牌曝光率和传播效果。

例如：科幻影片《流浪地球》，事件营销文案可以这样设计：

《流浪地球》热映中，这部电影不仅让我们看到了科技的进步，而且让我们对家园有了更深刻的认识。如果你也关注科技，爱护环境，那么不妨关注我们的智能环保产品，让我们一起守护我们的地球。

2. 事件营销文案的创作技巧和注意事项

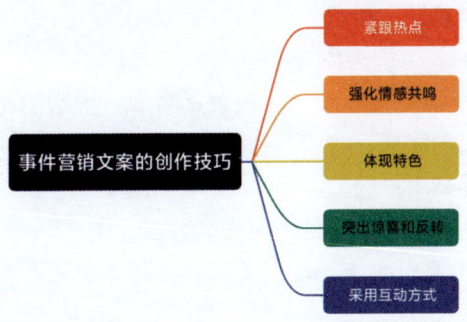

- **紧跟热点**：选择与品牌或产品相关的热点或事件，提高用户关注度和品牌曝光率。
- **强化情感共鸣**：利用情感营销的手段，引起用户共鸣和关注，提高品牌认知度和传播效果。
- **体现特色**：利用事件或热点来体现品牌或产品的特色和优势，提高品牌价值和品牌忠诚度。
- **突出惊喜和反转**：采用出人意料、惊喜和反转的手法，让受众产生共鸣和情感体验。
- **采用互动方式**：结合抽奖、互动等方式，提高受众参与度，促进传播效果。

事件营销文案通常是针对某一事件或节日而创作的文案，旨在通过与事件相关联的话题和情感，吸引受众的注意力和关注度。以下是一个事件营销文案的案例。

标题	儿童节，这份礼物请所有宝宝收下
描述	在这个儿童节，不仅小宝宝有礼物，我们也为大宝宝们准备了一份惊喜，点击领取，让我们一起嗨翻这个节日

这个文案的标题使用了儿童节的节日元素，同时采用了反转和惊喜的手法，吸引受众的好奇心和兴趣。描述则进一步介绍了礼物的特点和领取方式，并呼吁受众一起庆祝这个节日。

1.2.7 创新文案

创新文案是指在短视频中利用独特的语言、表现手法和创意元素来吸引用户关注和提高品牌曝光率的一种文案形式。它能够在激烈的市场竞争中脱颖而出，提高品牌差异化和竞争力。

1. 创新文案的基本结构和特点

创新文案的基本结构和特点比较灵活多变，通常包括独特的语言、想象力、创新元素、幽默感、情感共鸣等。这些要素能够让文案更加生动、有趣、感性，从而提高用户的关注度和品牌曝光率。

例如：一家牛肉面小吃店的创新文案可以这样设计：

作为一家牛肉面小吃店，我们让顾客吃的不仅是牛肉面，更是幸福和满足。

2. 创新文案的创作技巧和注意事项

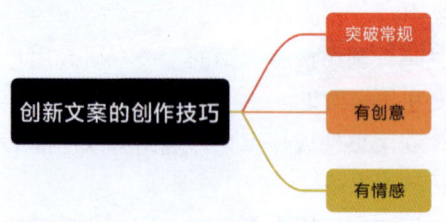

- **突破常规**：摆脱传统、俗套的文案形式，采用新颖、别致的语言和表现方式。
- **有创意**：结合品牌、产品或营销目标，加入创新元素和有趣的想象，提高品牌曝光率和用户关注度。
- **有情感**：利用幽默、感性、温情等情感元素，引起用户共鸣和提高品牌认知度。

第 2 章
好文案怎么写

本章内容简介

　　本章将学习撰写引人注目的高赞文案的技巧。从常用原则如 AIDA、4C 和 KISS 原则到套用模板轻松创作吸引人的文案，本章涵盖了多种文案风格和方法。此外，通过实际文案的例子，了解如何抓住目标受众的"需求点"并促使他们采取行动。

重点知识掌握

- 熟悉文案写作的常用原则。
- 套用模板编写短视频文案。

2.1 文案写作的常用原则

文案创作遵循以下几种常用原则："AIDA 原则"引导关注、兴趣、欲望和行动；"4C 原则"确保清晰、简洁、具有吸引力和连贯性；"KISS 原则"简单直白地传达信息等；其他原则。遵循这些常用原则，能够帮助我们更好地创作出合理的文案。

2.1.1 AIDA 原则

AIDA 原则包括关注（Attention）、兴趣（Interest）、欲望（Desire）和行动（Action）四个部分。在文案创作中，可以按照这四个部分引导观众产生购买行为。

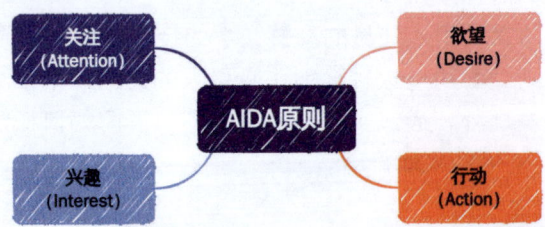

例如：一款减肥类短视频的文案，开场白可以这样设计。

关 注 （Attention）	想要快速、健康地减肥吗？忘掉传统的饮食控制和痛苦的锻炼吧
兴 趣 （Interest）	我们的独特配方，采用天然植物提取物，帮助您提高新陈代谢，安全地消耗多余脂肪
欲 望 （Desire）	想象一下，在短短 8 周内，您可以穿上那件心仪已久的衣服，展露矫健的身姿
行 动 （Action）	马上下单，立刻开始您的减肥之旅！限时优惠，数量有限，抓紧行动吧

2.1.2 4C 原则

4C 是 Clear（清晰）、Concise（简洁）、Compelling（引人入胜）、Credible（可信）的缩写。这个原则强调文案要清晰、简洁明了，同时具有吸引力和可信度，以促使观众采取行动。

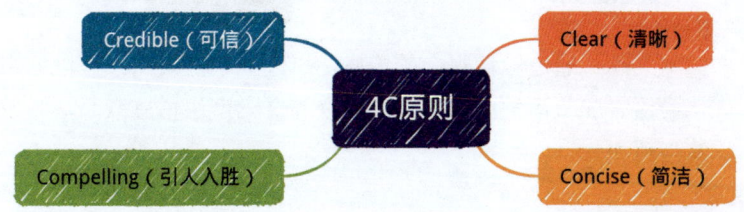

例如：某度假村宣传短视频文案

某度假村为您提供豪华舒适的住宿、多样化的户外活动和周到的服务，确保您的假期充满美好的回忆。远离城市喧嚣，放松身心，沉浸在宁静的大自然中。

例如：某美食类短视频文案

口感绵密，香甜诱人的奶油蛋糕，自己动手轻松制作！从材料准备到烘焙技巧，我们将一一揭开，让你轻松成为蛋糕大师！跟随视频，一起享受甜蜜的烘焙乐趣吧！

2.1.3 KISS 原则

KISS 原则是指"保持简单和愚蠢"（keep it simple and stupid），这句话常用于产品设计领域中，意思是要将产品设计得简单、实用，这样才便于消费者使用。在文案的创作中也是一样，要确保信息简洁明了，易于理解，避免复杂和冗长的表述。

例如：一款护肤品的宣传文案

祛斑提亮，肤色焕新！

例如：一款冰箱的标题文案

保鲜更长久，省电更环保！

2.1.4 其他原则

短视频文案创作除了遵循 AIDA、4C 和 KISS 原则，还有其他一些补充性的原则和技巧，用于提高文案的吸引力和影响力。

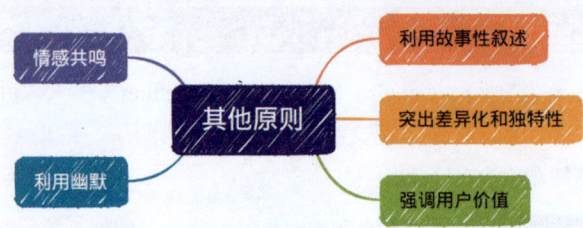

- **情感共鸣**：通过触动观众的情感，引起他们的共鸣。可以运用情感化的语言和故事性的叙述，让观众与文案产生情感联系，激发他们的兴趣和共鸣。

例如：

在寒冷的冬日里，一碗热腾腾的鸡汤，带给你家的温暖和安慰。品味浓浓的温情，让爱的味道传递无限温暖。

- **利用幽默**：通过幽默和诙谐的语言增加文案的趣味性与娱乐性。幽默的元素可以吸引观众的关注，让文案更加轻松、活泼，并且可以增加与观众的互动。

例如：

这胖猫真的是吃货界的奥斯卡影帝！假装路过，趁主人不注意扑向食盆。张开嘴巴，将食物吃个精光。

- **利用故事性叙述**：通过讲述一个引人入胜的故事，吸引观众的注意力并让他们沉浸在其中。故事性的叙述可以激发观众的好奇心和想象力，使文案更加生动有趣。

例如：

雨后的清晨，一个人漫步在街头，转角的咖啡馆，一杯香浓的咖啡，使人瞬间沉浸在美好的回忆中。来吧，一起品味浓郁的咖啡，重温那些美好时光！

- **突出差异化和独特性**：通过强调产品或服务的独特性和与众不同之处，吸引观众的兴趣和好奇心。突出产品或服务的差异化特点可以让观众觉得产品与众不同，并激发他们的购买欲望。

例如：

与传统的旅行社不同，我们提供定制化的旅行服务，为你设计独特的行程和活动。在沙漠中骑骆驼、在海底探险、在古老城堡狂欢，这次的旅行将成为你人生中最难忘的记忆。快来开启属于你的定制之旅吧！

- **强调用户价值**：突出产品或服务对用户的价值和好处，让观众了解产品如何满足他们的需求和解决他们的问题。强调用户价值可以激发观众的兴趣和认同感，让他们更有动力采取购买的行动。

例如：

智能家居设备将为你的生活带来便捷和舒适。掌控你的家庭，轻松实现智能化的生活方式，让你享受更多宝贵的时光和高质量的生活。

2.2 套用模板，轻松写出高赞文案

了解了文案写作的流程，也记住了文案写作的原则，但还是不知道短视频的文案该如何写？没关系，本节将学习14种常用的文案写作模式，直接套用公式化的文案写作模板，文案写作就不再困难了！

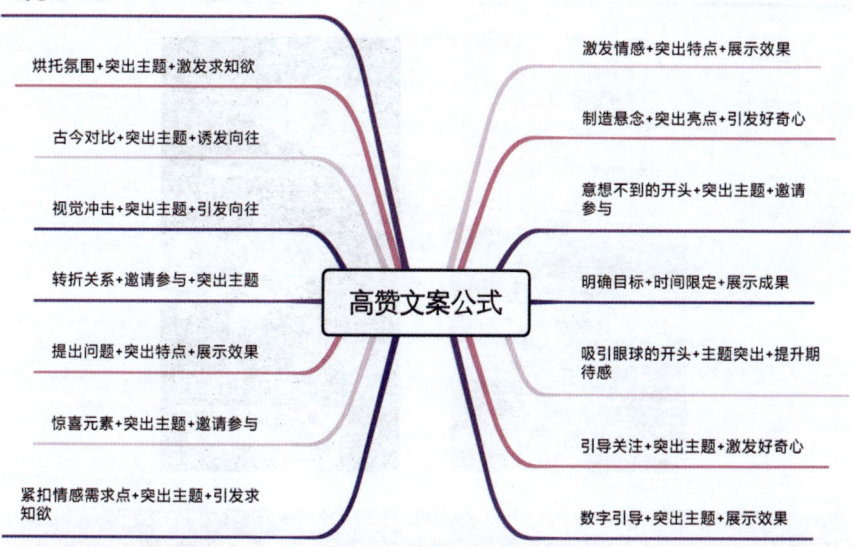

2.2.1 引人入胜的开头 + 话题焦点 + 引发好奇心

实 例	引人入胜的开头	话题焦点	引发好奇心
例 1	震惊	看完秒变大厨	惊天秘笈，用美食拯救你的舌尖
例 2	发现谜团	快来解密	解锁真相的发生过程

2.2.2 烘托氛围 + 突出主题 + 激发求知欲

实 例	烘托氛围	突出主题	激发求知欲
例 1	哇	太空旅行的秘密	竟然是这个？！揭开神秘面纱，一起探索宇宙奥秘
例 2	赶快学，明天删除	一小时 300 个英文单词	学霸不愿公开的背单词的秘诀

2.2.3 吸引眼球的开头 + 主题突出 + 提升期待感

实 例	吸引眼球的开头	主题突出	提升期待感
例 1	瞬间变美	超神奇滤镜技巧	让你瞬间成为镜头下的焦点
例 2	猜猜我在做什么	没错，我在做菜	做一道你没见过的菜

2.2.4 制造悬念 + 突出亮点 + 引发好奇心

实 例	制造悬念	突出亮点	引发好奇心
例 1	惊喜大揭秘	这款神秘礼物	竟然能解锁你的心灵密码
例 2	探索未知	神秘的古代遗迹，揭开历史的神秘面纱	发现那些未解之谜

2.2.5 激发情感 + 突出特点 + 展示效果

实 例	激发情感	突出特点	展示效果
例1	燃烧你的热情	3分钟学会最炫舞蹈	让你在派对中脱颖而出
例2	感受自然吧	无人机拍摄的壮美山水，让你身临其境	感受大自然的魅力

2.2.6 明确目标 + 时间限定 + 展示成果

实 例	明确目标	时间限定	展示成果
例1	从零开始学吉他	只需一个月	让你成为吉他手
例2	快速瘦身挑战	30天见证变化	揭开健康饮食和科学运动的神奇力量

2.2.7 古今对比 + 突出主题 + 诱发向往

实 例	古今对比	突出主题	诱发向往
例1	揭秘古代宫廷美容秘方	皇后般的娇艳容颜	让你重现
例2	穿越千年	发现东西方文明交融的魅力	漫游丝绸之路

2.2.8 引导关注 + 突出主题 + 激发好奇心

实 例	引导关注	突出主题	激发好奇心
例 1	跟着我一起	潜入深海	揭开大自然最神奇的秘密
例 2	别再错过了	发现城市夜晚的美	走近城市夜生活的独特环境

2.2.9 视觉冲击 + 突出主题 + 引发向往

实 例	视觉冲击	突出主题	引发向往
例 1	翻转空间，跨越时空	感受建筑的魅力	穿越古今
例 2	探索神秘	揭秘自然之美	发现荒野的另一面

2.2.10 提出问题 + 突出特点 + 展示效果

实 例	提出问题	突出特点	展示效果
例 1	想马上学会新舞步	别错过这个超级易学的舞蹈教程	成为舞池焦点
例 2	烤蛋糕总是翻车	掌握这个烘焙秘诀	制作出令人垂涎欲滴的甜点佳品

2.2.11 惊喜元素 + 突出主题 + 邀请参与

实 例	惊喜元素	突出主题	邀请参与
例 1	惊呆了	这个小城市竟藏着世界级的美景	一起来揭秘吧
例 2	夏日必备	这些水上运动让你欲罢不能	快来加入我们，一起感受夏日的狂欢

2.2.12 转折关系 + 突出主题 + 邀请参与

实 例	转折关系	突出主题	邀请参与
例 1	从平凡到非凡	领略街头艺术家的创作之路	跟我一起
例 2	去年他负债百万	看看他是如何完美翻盘的	跟我一起

2.2.13 数字引导 + 突出主题 + 展示效果

实 例	数字引导	突出主题	展示效果
例 1	仅用 5 个小物件	打造舒适办公空间	提升工作效率
例 2	2 个人 30 天	翻修破败不堪的老院子	一起来欣赏吧

2.2.14 紧扣情感需求点 + 突出主题 + 引发求知欲

实 例	紧扣情感需求点	突出主题	引发求知欲
例 1	失恋治愈大法	用这招神奇方法	让你瞬间找回自信与勇气
例 2	告别拖拖拉拉	从今天起，掌握高效学习技巧	成为学霸

2.3 增加短视频曝光量的 6 种文案方法

短视频文案是吸引用户关注和增加曝光量的重要手段。以下是几个短视频文案的写作技巧。

2.3.1 创意新颖

创意是激发观众好奇心和兴趣的灵魂，是将普通视频变得与众不同的关键因素。在短视频的海洋中，吸引观众的关注和增加曝光量的关键之一就是独特而新颖的创意。

例如：为一款新型智能手表的短视频撰写文案。通过创新的文案创意，强调手表的智能功能和时尚设计。文案可以这样叙述：

不仅仅是一块手表，更是你的私人助理，时刻守候。掌握时间，掌握未来。

例如：推广一款健康饮品的短视频文案。以创意的方式突出饮品的天然成分和益处。文案可以这样叙述：

从大自然中提炼的精华，每一口都是对身体的滋养。喝下去的是健康，浑身充满的是活力。

2.3.2 语言简洁

观众平均观看短视频的时间很短暂，因此文案要用简短的语言来表达想要传达的信息，尤其是视频的前"黄金3秒"。

例如：在视频的前"黄金3秒"中，文案直接简洁地描述产品的核心功能，如"一键解锁无限创意"。

例如：使用短小精悍的口号式文案，如"享受快乐，一秒即现"。

2.3.3 突出卖点

产品或服务的卖点是吸引用户的重要因素。因此，在文案中突出产品或服务的卖点非常重要。通过精准表达产品的卖点，可以让用户更容易理解并吸引他们的兴趣。

例如：在文案中强调产品的独特功能，如"无线充电，让你告别烦琐的充电线束"。

例如： 通过直接的描述突出产品的特点和优势，如"经久耐用，每一滴都是顶级咖啡"。

2.3.4　营造情感共鸣

在文案中注入情感因素，能够使文案更具有吸引力，让用户更容易产生共鸣。因此，在文案中融入恰当的情感元素，能够更好地吸引用户。

例如： 在文案中运用感人的故事情节，让观众与主人公产生情感共鸣，如"一个人的力量，改变整个世界。"

例如： 利用文案表达产品带来的情感体验，如"享受无尽欢笑，感受幸福的时刻。"

2.3.5　利用数据支撑

在文案中加入一些数据元素，能够让文案更加有说服力。

例如： 在文案中引入数据，如"已有超过 100 万用户选择我们的产品。"

例如： 利用具体的数字突出产品的优势，如"经过 5000 次实验验证，效果显著提升。"

2.3.6　创造互动

在文案中增加互动元素，能够吸引用户的注意力并引起他们的兴趣。比如，在文案中加入一些问题或者挑战，让用户参与其中，能够增加互动性和用户参与度。

例如： 在文案中提出问题并鼓励观众留言回答，如"你最喜欢的旅行地点是哪里？告诉我们！"

例如： 引入挑战性的文案，如"看完视频，你敢不敢接受这个挑战？"鼓励观众参与互动。

2.4　好文案，善于抓住"需求点"

优秀的文案总能瞄准"需求点"，引爆情感共鸣，让人心有戚戚焉，从而激发出强烈的兴趣与好奇心，让人忍不住想一探究竟。

2.4.1 以"便携式充电宝"文案为例

文案	再也不怕电量告急！随时随地，轻松充电，让你的手机时刻保持满血
需求点	电池电量不足导致的担忧和不便。在外出或长时间无法充电的情况下，手机电量不足会给用户带来诸多困扰，如错过重要电话或无法使用手机导航等。此文案强调了随时随地充电的便捷性，缓解了用户对手机电量不足的担忧

2.4.2 以"减肥营养餐"文案为例

文案	想要轻松瘦身，又怕饿肚子？试试这款营养餐，健康减肥从此不再痛苦
需求点	减肥过程中的饥饿感和健康顾虑。很多人在减肥时会面临饥饿感和营养不良的问题。此文案关注健康减肥，降低饥饿感，帮助用户在减肥过程中保持身体健康

2.4.3 以"心理咨询"文案为例

文案	压力重重，无人倾听？我在这里，为你排解忧愁，让心情豁然开朗
需求点	心理压力和情绪困扰。在高压的工作和生活环境中，人们可能会面临各种心理问题，如焦虑、抑郁等。此文案表明心理咨询服务可以帮助用户排解忧虑，让心情豁然开朗

2.4.4 以"儿童防走失手环"文案为例

文案	孩子总是不知不觉跑远，给孩子戴上这款手环，让你随时掌握孩子的位置，安全陪伴成长
需求点	家长对孩子安全的担忧。孩子容易走失是家长普遍关注的问题。此文案通过强调手环可以让家长随时掌握孩子所在的位置，降低了家长对孩子安全的担忧

2.4.5 以"家政保洁"文案为例

文案	忙碌工作，家务烦琐？专业团队替您分担，您只管放松生活
需求点	忙碌的工作与烦琐的家务之间的平衡。许多人在应对繁忙工作的同时，还需要承担烦琐的家务。此文案突出了家政保洁服务能帮助用户分担家务，让用户回家后可以更好地休息和放松

第 3 章
27 个创意文案的写作技巧

本章内容简介

本章选择了 27 个实用的短视频文案写作的技巧。从引发好奇心到利用幽默,从制造紧迫感到突出产品特点,将探索如何使用情感词汇、数字数据、反转思维和戏剧性语言等手法,打造吸引人的短视频文案。

重点知识掌握

27 个创意文案的写作技巧。

3.1　引起好奇心

通过提出疑问或展示未知内容，激发观众的好奇心，引导观众点击查看更多内容。

短句	这种外地人没见过的水果，你吃过吗
长句	你知道这五种神秘水果吗？它们有神奇的功效！快来一起探索它们的秘密，看看哪一个能让你大开眼界
核心词	神秘、探索、秘密、神奇的功效、大开眼界

3.2　制造猎奇心理

展示稀奇古怪的事物或现象，满足观众探索未知的愿望，吸引观众观看视频。

短句	年龄 90 岁的老人都从未见过的奇怪现象
长句	这是地球上最罕见的现象，即使科学家也惊讶不已！快来跟我一起探索这些令人叹为观止的奇迹，看看你能否揭示其中的秘密
核心词	罕见、惊讶不已、探索、叹为观止、奇迹、秘密

3.3 利用趣味性

可以运用幽默、搞笑的内容，让观众在愉快的氛围中关注、点赞并转发。

短 句	求助！吃榴莲被猫嫌弃了怎么办
长 句	笑喷了，家人们。每个严肃的人都有可能是一个隐藏的搞笑高手！准备好迎接笑料的冲击波，让你的肚子为之颤抖吧
核心词	笑喷了、捧腹大笑

3.4 展示产品的优势

明确展示产品或服务的优势，吸引观众产生购买欲望。

短 句	没有比这更好用的了吧
长 句	这款产品堪称革命性！它的独特设计和高效功能让你的生活更轻松。不信？来看看这个短视频，你就会相信
核心词	革命性、独特设计、高效功能、生活更轻松

3.5 挖掘观众的共同经历

挖掘观众的共同感受和经历,唤起他们的情感共鸣,促使他们与更多人分享。

短 句	每个女孩都应该知道的 5 个护肤小妙招
长 句	你是否经常为了减肥烦恼?这里有 5 个简单又实用的减肥方法,让我们一起摆脱困扰,找回健康和自信
核心词	经常为……烦恼、简单又实用、摆脱困扰、找回健康和自信

3.6 制造热点话题

紧跟时事,关注热门事件,创造众人关心的话题,提高视频热度。

短 句	最新的时尚趋势是什么
长 句	科技与时尚的结合,让我们的生活更加精彩!一起来看看哪些创新科技将引领未来的潮流
核心词	热点话题、科技与时尚的结合、生活更加精彩、创新科技、引领未来的潮流

3.7 利用身份认同

强调某一群体的共同特点,使观众产生归属感,引发关注和讨论。

短 句	这些东西只有"90 后"的年轻人才懂
长 句	"90 后"的年轻人,怀念那些年的美好时光。快来重温那些曾经陪伴我们的经典动画片,看看你还记得多少
核心词	"90 后"的年轻人

3.8 运用个性化

运用个性化展示个人独特的观点和风格,吸引观众产生共鸣,获得关注。

短 句	我喜欢这个理由很简单，因为……	
长 句	我总是被这款香水吸引，它独特的香调让我沉醉其中，与众不同的魅力，你想尝试吗	
核心词	独特、与众不同	

3.9 制造情感共鸣

通过温情、感人的故事，触动观众的情感，激发关注和传播。

短 句	这个故事让我哭了……	
长 句	这段感人至深的视频，让我泪流满面。生活中总有那些令人感动的瞬间，让我们共同分享这份感动	
核心词	感人至深、泪流满面、感动的瞬间	

3.10 利用数量吸引观众

使用具体的数字，突显信息量和价值，吸引观众点击观看。

短 句	10 款让你惊艳的美食小吃
长 句	跟我一起,发现 10 款令人垂涎三尺的美食小吃!每一款都让你欲罢不能,马上来看,看看哪一个能让你陷入美食的诱惑
核心词	10 款

3.11 传递正能量

传递积极向上的信息,激励观众传播正能量,营造良好氛围。

短 句	将正能量传递给更多人吧
长 句	让我们一起传递正能量,为生活加油!分享这个视频,让更多人感受到阳光与希望,共同度过美好时光
核心词	正能量、加油、阳光与希望

3.12 利用品牌口号

运用品牌的形象和口号,增强观众对品牌的认同和好感。

短 句	为自己而生,享受每一天
长 句	为梦想而奋斗,活出精彩人生!一起感受这款产品带来的自信与力量,让你勇敢追逐梦想,无所畏惧
核心词	奋斗、精彩人生

3.13　利用名人效应

可以借助名人的影响力,吸引粉丝关注,提高视频的传播力。

短　句	我最喜欢的明星也在用这个产品
长　句	你知道吗?这款护肤品受到了众多明星的推崇!想知道他们的美丽秘诀吗?快来看这个短视频,揭开神秘面纱
核心词	明星的推崇、名人效应

3.14　利用专家权威

可以引用权威专家的观点,增加内容的可信度,吸引观众信任和关注。

短　句	由专家推荐的5种健康饮食
长　句	营养专家为你推荐5种健康食谱!让你在繁忙的生活中,轻松享受美味的同时,保持健康的身体
核心词	专家推荐、专家指导

3.15　运用悬念

制造悬念,激发观众的好奇心,引导他们关注视频以解开谜题。

短　句	接下来会发生什么
长　句	一场意想不到的惊喜在等待着你!跟随我的镜头,一起揭开这神秘的面纱,看看你能否猜到结局
核心词	意想不到、惊喜、神秘、猜

3.16 利用对比

可以通过对比，凸显事物的特点和优劣，引发观众的思考和兴趣。

短 句	这款网红咖啡跟你喜欢的有什么区别
长 句	这款咖啡与你所喜欢的究竟有何不同？一起来品尝这款独特口味，看看它是否能征服你的味蕾
核心词	不同、独特口味

3.17 利用创意

展示独特的创意和新颖想法，吸引观众的注意力，引发他们的好奇心和兴趣。

短 句	这种想法你肯定从未想过
长 句	这个独特的创意让人叹为观止！跟随我的镜头，一起探寻这个惊人的发现，看看你是否能够被其所吸引
核心词	独特的创意、惊人的发现、被其所吸引

3.18 利用亲密感

分享个人生活点滴，拉近与观众的距离，增加互动与关注。

短 句	分享我的超方便生活小妙招
长 句	让我带你走进我的日常生活，分享一些生活中的小心得和技巧，让我们一起变得更好
核心词	让我带你、我的日常生活

3.19　利用时事热点

可以紧扣当下热门话题，吸引观众关注，引发讨论和分享。

短 句	今年最流行的时尚元素是什么
长 句	今年流行什么时尚元素？跟随我一起探讨这个热门话题，看看哪些时尚潮流将引领今年的潮流
核心词	今年、流行

3.20　利用美好憧憬

展示美好的愿景，激发观众的向往，引导他们关注和点赞。

短 句	梦想成真的五个秘诀
长 句	梦想成真，是每个人心中的期待。跟随我，揭示那五个实现梦想的秘诀，让你离梦想更近一步
核心词	梦想成真、期待、实现

3.21　利用趣味性

通过趣味性内容，吸引观众的兴趣，让他们愿意关注和分享。

短 句	最好笑的脑筋急转弯
长 句	想挑战一下自己的智商吗？来试试这些最好笑的脑筋急转弯，看看你能否轻松破解它们
核心词	挑战、破解

3.22　针对观众关心的问题

可以针对观众关心的问题，提供解决方案，引发观众的共鸣和关注。

短 句	想知道如何有效地减肥吗
长 句	苦于减肥无门？今天给你一个有效的减肥方法，让你轻松摆脱肥胖的困扰，迈向更健康的生活
核心词	减肥无门、摆脱肥胖

3.23　利用生活实用

分享实用的生活技巧，为观众提供价值，吸引他们的关注。

短 句	不花钱的收纳小技巧分享
长 句	你是否在日常生活中遇到过许多小麻烦？这里有一些家庭实用小技巧，让你的生活更轻松、便捷！快来一起学习吧
核心词	实用、轻松、便捷

3.24　利用幽默感

可以运用幽默诙谐的方式，给观众带来欢乐，提高视频的传播力。

短 句	笑翻了！这猫怕不是猪变的吧
长 句	猫咪为了小鱼干，豁出去了的一百种方式！笑翻了
核心词	笑翻了

3.25　利用讨论话题

引入有争议的议题，引发观众的思考和讨论，吸引他们关注。

短句	"水果刺客"频现,你怎么看
长句	最近"水果刺客"这个热门话题一直备受关注,你对此有什么看法?快来看这个短视频,和我们一起探讨隐藏的"刺客"还有什么
核心词	热门话题、探讨

3.26 利用身边故事

可以讲述身边发生的趣事,引发观众共鸣,促使他们关注和分享。

短句	今天上班路上发生了一件让我笑喷了的事情
长句	今天上班路上,我遇到了一件有趣的事情,当时就笑喷了!快来看这个短视频,一起分享这段奇妙的遭遇,看看你是否也曾有过类似的经历
核心词	上班路上、我遇到、分享

3.27 利用押韵的句子

运用押韵、顺口溜等表达方式,让文案更加吸引人,易于传播。

短句	短视频翻一翻,新奇有趣天天见
长句	短视频轻松看,新奇有趣乐无边;一起来分享,传递快乐正能量;点赞关注和转发,好运立刻到你家
核心词	押韵的句子

第 4 章
撰写短视频脚本

本章内容简介

本章首先介绍了短视频脚本的概念和组成,帮助读者理解其结构和要素。接着,详细探讨了如何撰写短视频脚本,提供了实用的指导和建议。实战部分提供了多个具体的短视频脚本示例,帮助读者更好地理解如何将脚本撰写技巧应用于实际创作中。

通过本章的学习,读者能够提升短视频脚本撰写的能力,创作出更富有创意和吸引力的短视频内容。

重点知识掌握

- 了解短视频脚本的组成。
- 学习如何撰写短视频脚本。

4.1 短视频脚本的概念及撰写

脚本在短视频创作中具有至关重要的作用。它是视频创作的基础，用于规划和组织内容，以及确保视频有清晰的结构和流畅的叙事。脚本可以帮助创作者明确视频的目的和主题，定义场景、角色和对话，并确定剪辑和视觉效果的安排。通过撰写脚本，创作者可以在剪辑前就对整个视频进行预先构思，节省时间和精力。

4.1.1 短视频脚本的组成部分

脚本是团队协作的重要工具。它可以为导演、摄影师、演员和剪辑师提供明确的指导，帮助他们理解创作者的意图并协调工作。脚本也可以用作沟通和协商的基础，确保团队成员在创作过程中保持一致的目标和方向。

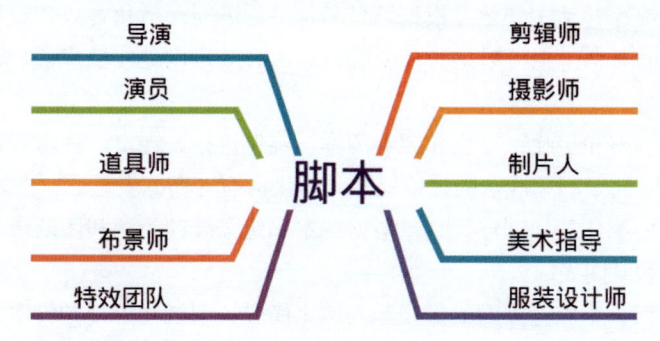

短视频脚本通常包括以下几个部分。

（1）引子：在短视频脚本的开头部分，通过吸引人的画面、声音或文字，迅速抓住观众的注意力，使他们愿意看完整个视频。

（2）主题：明确视频的主题和目标，确保内容紧扣主题，有针对性地传达信息。

（3）内容呈现：依据主题，通过故事、讲解、示范等方式，将所要传达的信息清晰地展示给观众，同时注意节奏的把握，保持视频紧凑和引人入胜。

（4）情感元素：在脚本中融入情感因素，如幽默、感人或激励，使视频更能引起观众的共鸣，提高观看时长和互动度。

（5）结尾和互动：在视频结尾处，总结内容要点，提供行动指引或号召观众参与互动，以实现视频传播的目的。

4.1.2 如何撰写短视频脚本

在撰写短视频脚本时，关键是要清晰地规划和组织内容，确保视频有结构和流畅的叙事。撰写短视频脚本可以遵循以下步骤。

（1）确定目标和主题：明确短视频的目的和主题，确定想要传达的信息或故事。

（2）制订大纲：根据目标和主题，制订一个整体的大纲，包括起始点、发展过程和结尾。大纲可以是简洁的故事结构或者一系列要传达的观点。

（3）分解场景和镜头：将大纲分解为具体的场景和镜头。每个场景代表一个地点或时间，每个镜头代表一个特定的拍摄角度或设置。

（4）描述场景和动作：对每个场景和镜头进行描述，包括场景的环境、角色的动作和情绪。确保描述清晰、简洁，以便理解和执行。

（5）编写对话和音效：根据场景和角色，编写对话和音效。对话可以是角色之间的对话，也可以是旁白或解说词。音效可以是环境声音、音乐或其他声音效果。

（6）调整和优化：审查和调整脚本，确保流畅、连贯，并达到预期的效果。考虑时间限制和观众的理解能力，简化语言并精练表达。

（7）分配任务和制订计划：根据脚本确定需要的资源和团队成员，制订制作计划和时间表。

下面以一个旅行主题的短视频为例来简要说明撰写短视频脚本的每个步骤。在实际操作中，每个步骤的内容和细节可以根据实际情况和具体需求进行调整和修改。

确定目标和主题	目标是展示美丽的旅行目的地，并激发观众对旅行的渴望。主题是探索自然风光和文化遗产
制订大纲	起始点：介绍旅行主题和目的地。 发展过程：展示各个景点的美丽和独特之处。 结尾：总结旅行经历并呼吁观众行动起来
分解场景和镜头	场景1：沙滩日出。镜头：拍摄从海岸线上升起的太阳。 场景2：古城街道。镜头：通过窄巷和建筑物展示古老的文化氛围。 场景3：山间瀑布。镜头：捕捉瀑布流水和周围的自然景观

续表

描述场景和动作	场景1：沙滩日出。角色：旅行者站在沙滩上，迎接早晨的第一缕阳光。 场景2：古城街道。角色：旅行者在石板路上漫步，观察周围的建筑和人群。 场景3：山间瀑布。角色：旅行者站在瀑布前，感受水花飞溅和清新的空气
编写对话和音效	场景1：沙滩日出。音效：海浪声和海鸥的叫声。 场景2：古城街道。对话：旅行者与当地居民交流的对话。 场景3：山间瀑布。音效：瀑布的响声和鸟儿的鸣叫
调整和优化	审查脚本，确保场景和动作描述准确，对话和音效恰当而引人注目。删除冗余的内容，使脚本更简洁
分配任务和制订计划	根据脚本确定需要的拍摄地点、演员和音效师。制订拍摄计划，安排时间和资源

4.2 短视频脚本实战

短视频脚本应该简洁明了，突出核心内容，便于执行和传达。使用清晰的语言和具体的描述，让创作团队能够理解和实现计划。同时，不断优化和修改脚本，以便更好地实现视频的目标和效果。

下面是8种短视频脚本文案的撰写实例。

4.2.1 "火锅店宣传"短视频脚本

项目要求

制作一部30秒左右的"火锅店宣传"短视频。要求突出店内的特色和美味，展现店内氛围和环境，切换画面展现菜品制作、食材和顾客品尝，配合画面介绍火锅特色和服务，片头展现热情和美味，片尾突出店标，让观众流连忘返。

时长/秒	场景	画面	画外音
3	片头	拍摄火锅店的招牌	哈喽,朋友们!今天我们来到这家火爆的火锅店一起尝尝最新的网红火锅吧
4	火锅	展示火锅底料,搅拌	先来看看这特制的火锅底料,闻起来就很香!搅拌均匀后就可以开始涮啦
4	桌面	展示各种新鲜食材	看看这些食材,新鲜多样,肉质鲜嫩,口感极佳
4	火锅	涮火锅,展示食材在锅里的画面	开涮!看着食材在锅里滚动,已经忍不住想尝一口了
4	顾客	顾客品尝火锅,脸上露出满意的表情	味道真的太棒了!食材新鲜,火候把握得恰到好处,简直美味到哭
4	店内	拍摄火锅店的环境和氛围	这家火锅店的环境和氛围也很棒,让人很舒适,适合家庭和朋友聚餐
3	片尾	拍摄满意的顾客	火锅探店就到这里啦,大家有机会一定要来尝尝这家火锅店的美味

4.2.2 "三亚旅行"短视频脚本

项目要求

制作一部 30 秒左右的以"三亚旅行"为主要内容的短视频,要求包括三亚具有代表性的风景、文化、美食、娱乐等要素,吸引观者前来旅行。

时长/秒	场景	画面	画外音
5	片头	鹿回头，远眺三亚美景	大家好，欢迎来到美丽的三亚
5	海滩	蓝色海水，金色沙滩，美女穿着比基尼在海边嬉戏玩耍	蓝色的海水、金色的沙滩、美丽的阳光和青春的活力，这里是度假的天堂
5	文化	古老的文化遗址，建筑古色古香	三亚拥有丰富的文化遗址和历史建筑，这里是文化交流和艺术品鉴的绝佳场所
5	美食	海鲜大餐、烧烤、热带水果，各种美食应有尽有	来三亚体验美食的天堂吧，在这里不仅能品尝到最地道的当地美味，还有各种各样的异域美食满足您的味蕾
5	游乐场	火车头、旋转木马、碰碰车等游乐设施，孩子们玩得开心	这里有世界级的游乐场，各种游乐设施，让孩子们尽情玩耍，体验快乐和无限的惊喜
5	片尾	夜晚美景，三亚灯火辉煌	三亚是一座美丽的城市，不论是白天还是夜晚，都有着绝美的景色，期待您的到来

4.2.3 "日常 Vlog"短视频脚本

项目要求

制作一部 30 秒左右的"日常 Vlog"短视频，以记录个人休息日的一天，展现生活细节为主要内容。视频整体要求体现轻松、愉悦、享受。

时长/秒	场景	画面	画外音
3	片头	早晨，阳光洒在床上	早安，今天我们一起过一个充实又美好的日子
4	厨房	做早餐，煎鸡蛋、切水果等	首先，我们来做个美味的早餐，好好对待自己的胃
4	客厅	喝咖啡、阅读等悠闲画面	享受一下悠闲的早晨时光，喝杯咖啡、看看书，为有一天的精力充电
4	客厅	打扫卫生，整理房间	生活需要仪式感，我们打扫卫生，让生活更舒适
4	公园	出门到户外散步	健康的生活离不开户外运动，我们去散步，欣赏大自然的美
4	市场	市场购物，挑选食材	来到市场，我们挑选新鲜的食材，准备丰盛的晚餐
4	厨房	下厨烹饪，摆盘美食	下厨房，动手烹饪美食，享受自己的劳动成果
4	沙发	沙发上看电影、品茶	晚上，我们可以看部电影，喝杯茶，放松心情
3	片尾	侧躺在床上，熄灯，安静的房间	今天的日子过得很充实，感谢有你们陪伴。晚安

4.2.4 "美妆"短视频脚本

项目需求

制作一部30秒左右的"美妆"短视频，以分享最新的化妆技巧为主。片头展现精美的化妆品和美妆工具，让观众期待美妆技巧，片尾展现美妆让每个女性都更加自信和美丽，期待下一次的分享。

时长/秒	场 景	画 面	画外音
3	片头	镜子前的自拍，微笑	嘿，亲爱的朋友们！今天我要教大家怎么画一款夏日清新妆哦
4	步骤1	用粉底液均匀地涂抹在脸上	首先，我们要选用一款适合自己肤色的粉底液，轻轻涂抹，打造无瑕底妆
4	步骤2	用眼影刷在眼睛上涂抹眼影	其次，挑选一款清新的眼影色，用眼影刷轻轻晕染，让眼睛更有神采
4	步骤3	用眼线笔画出自然的眼线	然后，用眼线笔画出自然的眼线，凸显眼形，让眼睛更迷人
4	步骤4	用睫毛膏刷涂抹在睫毛上	别忘了上睫毛膏哦，刷刷刷，让睫毛翘翘的，更加诱人
4	步骤5	在脸颊上涂抹腮红	轻轻上一点儿腮红，为妆容增添一丝俏皮与活力
4	步骤6	用唇膏涂抹在嘴唇上	最后，选一款清新的口红，涂在嘴唇上，让嘴唇更加丰润动人
3	片尾	镜头拉近，展示妆容效果	夏日清新妆完成啦，试试这款妆容，让你在夏天更美丽动人哦

4.2.5 "旧房改造"短视频脚本

项目要求

制作一部50秒左右的室外环境改造短视频，突出旧房院子改造后的美丽场景，展示清理杂草、种植树木、增加石头装饰、铺设草坪、加入桌椅和躺椅、增加果树、灯光设计等步骤，让观众了解如何将旧房院子变得更加美丽舒适。

片头展现旧房院子的破旧景象和改造计划，让观众期待改造后的效果。片尾突出美丽的院子和改造者的满意和幸福感，让观众感受到环境改造的重要性和美好效果，期待下一次的分享。

时长/秒	场 景	画 面	画外音
3	片头	旧房院子改造后的美丽场景	6个月前，我开始了院子的改造
5	清理杂草	清理院子里的杂草	什么？！这地方是怎么长出这么多杂草？得赶紧清理一下

续表

时长/秒	场景	画面	画外音
6	种植桂花树	种植桂花树，让院子弥漫芬芳	来，我们在这个角落种上桂花树，让这里在春秋季节充满香气和美丽
8	增加石头装饰	增加石头装饰，为院子增加自然的气息	一边想着，嗯，我们要加点啥子呢？一边搬来了一些石头做装饰，让院子更加自然和美丽
6	铺设草坪	在院子里铺设草坪，为家庭提供一个休闲娱乐的场所	既然这么美，就要好好利用一下这个空间。把这里的地面换一下，铺设草坪。到时候，小宝贝们就可以在这里尽情地玩耍了
7	加入桌椅和躺椅	加入桌椅和躺椅，为家人提供一个放松休息的场所	这么美的院子，得有桌椅和躺椅才行。来，我们摆上桌椅和躺椅，让人们在这里尽情放松
7	增加果树	增加果树，让院子更加丰富多彩	别忘了还有树，我们还要加入一些果树，如柠檬树和橙子树，让院子更加丰富多彩
7	灯光设计	增加灯光设计，让院子在夜晚也变得迷人	最后，我们加入一些灯光设计，让院子在夜晚也变得迷人。现在，看看这个美丽的院子，我们的梦想终于实现了

4.2.6 "乡村古法手工豆腐"短视频脚本

项目要求

制作一部约60秒的"乡村古法制作豆腐"的短视频，展现乡村景色、准备豆腐材料、磨豆浆、煮豆浆、压豆腐和晾豆腐等关键步骤，让观众了解到乡村古法手工豆腐制作的全过程。

画外音配合画面介绍豆腐制作的每个步骤，展现乡村老人制作豆腐的技艺，最后通过品尝豆腐来展现豆腐的美味。片头展现乡村景色和豆腐场景，片尾展现乡村美景和豆腐，让观众感受到家乡的美好和传统文化的魅力。

时长/秒	场景	画面	画外音
5	片头	乡村景色，村民家中的厨房，制作豆腐的场景	嘿，大家好啊，我今天来到了村里，要和大家分享一下这里的人是怎么做豆腐的

续表

时长/秒	场 景	画 面	画外音
5	准备豆腐材料	乡村老人在准备做豆腐的材料	咦,这个是什么?哇,看到了一堆做豆腐材料,让我们来看看这位老人是怎么做豆腐的
10	磨豆浆	老人正在用传统的石磨磨豆浆,手法娴熟	用这个石磨磨豆浆可是一门大技术呢,这位老人的手法好娴熟啊
10	煮豆浆	将豆浆煮开后搅拌,然后加入熟石膏,搅拌均匀,让豆腐渐渐形成	咦,煮豆浆的时候,要用熟石膏来凝固,这是新发现啊
10	压豆腐	将熟豆浆倒入豆腐桶中,用重物压住豆腐,让水分排出,让豆腐变得紧实	看到这里,原来要把豆浆倒入豆腐桶中,用重物压住,让水分排出,让豆腐变得紧实
10	晾豆腐	把豆腐晾在树荫下或晾晒房里,等待豆腐变得更加紧实	说到晾豆腐,乡村这里可是有一套独特的方法,让豆腐变得更加紧实哦
10	品尝豆腐	老人品尝做好的豆腐,赞不绝口	现在让我们来看看,经过一系列的工序之后,这位老人做出来的豆腐是什么样子的
5	片尾	乡村美景,豆腐,老人	看到了吧,古法手工制作的豆腐可真是好吃啊!走遍天下都不如家乡好。谢谢大家的观看,下次再见

4.2.7 "剧情反转"短视频脚本

项目要求

制作一则有趣的家庭故事短视频。视频通过家庭的生活场景展现家庭生活的乐趣。短视频需要用清脆的炒菜声和滑稽音效来营造幽默感,配合轻松欢快的音乐,让观众在欣赏视频的同时产生共鸣,感受到家庭的温馨和快乐。

时长/秒	场景	画面	画外音
5	厨房	妈妈在厨房炒菜，看起来很认真	炒菜声
5	厨房	儿子偷偷摸摸地尝了一口，表情严肃	滑稽音效
5	餐桌	儿子悄悄告诉爸爸：这菜好难吃	无
5	餐桌	爸爸尝一口，儿子偷看爸爸表情	无
5	餐桌	爸爸假装很享受地说："这菜超级好吃"	无
5	餐桌	儿子疑惑地尝了一口，突然发现味道变得美味	滑稽音效
5	厨房	妈妈和爸爸在厨房揭露真相，原来是调料放错了	轻松欢快的音乐

4.2.8 "多肉植物种植"短视频脚本

项目要求

制作一部30秒左右的"多肉植物种植"短视频，突出多肉植物的生长特点和种植技巧，展示多肉植物的种植过程和注意事项，让观众学习如何进行多肉植物的种植。

片头展现美丽的多肉植物，让观众期待更多的知识分享。画面和画外音结合，详细介绍栽种前的准备工作和扦插过程中的操作要点，让观众掌握栽种技巧和方法。展示多肉植物的生长情况，让观众感受栽种的成功和乐趣。

片尾突出多肉植物的美丽和扦插者的满意和喜悦,让观众感受到栽种的意义和乐趣,期待下一次的分享。

时长/秒	场景	画面	画外音
5	片头	多肉植物、工具和材料	大家好,今天我来给大家介绍一下多肉植物的扦插方法
5	准备工具	准备剪刀、扦插土和多肉植物	扦插多肉植物需要准备剪刀、扦插土和多肉植物
5	剪取茎叶	剪取多肉植物的茎叶	接下来,我们需要剪取多肉植物的茎叶
5	挖洞扦插	在扦插土中挖洞,将多肉植物茎叶插入其中,并轻轻压实土壤	挖好洞之后,将多肉植物的茎叶插入其中,并轻轻压实土壤
5	浇水养护	浇透水,并放置于通风良好、半阴凉的地方	扦插完成后,记得浇透水,并放置于通风良好、半阴凉的地方
5	等待生长	等待多肉植物生长	接下来,我们需要等待多肉植物生长
5	片尾	多肉植物和盆景	多肉植物扦插完成后,就可以等待它们长成为美丽的盆景了。谢谢观看

第 5 章
有趣的标题，让作品脱颖而出

本章内容简介

标题在短视频中扮演着重要的角色，它是传达视频主题的关键元素，同时也是吸引观众点击观看的重要手段。

本章将通过探索 16 种有趣标题的写作技巧，并通过实例来说明每种技巧的运用方法。了解如何运用这些技巧，创作引人入胜的标题，为短视频增添吸引力。

重点知识掌握

- 短视频标题设计的一般原则。
- 16 种常见的标题形式。

5.1 标题，短视频的第一印象

短视频的标题是视频的名称或简短描述，用于概括和吸引观众的注意力。它通常是在视频发布平台或社交媒体上显示的文本，同时也经常体现在短视频的封面中，帮助观众快速了解视频的内容和主题。

5.1.1 短视频标题的重要性

短视频标题的重要性不可忽视。它是吸引观众点击观看视频的第一印象，起着关键的作用。一个精心设计的短视频标题能够吸引更多的观众，增加视频的曝光和传播。

一个好的短视频标题应该能够准确地概括视频的内容或主题，并具有独特性和吸引力。它应该能够引起观众的好奇心，激发他们的兴趣，并让他们有想要观看的欲望。一个有趣、引人入胜的标题可以在竞争激烈的视频平台中脱颖而出，吸引更多的观众点击观看视频。

此外，一个恰当的标题还可以提高视频在搜索引擎结果中的排名，增加被搜索到的机会。使用相关的关键词和热门的话题可以提升视频的搜索可见性，吸引更多的观众。

因此，一个精心设计的短视频标题可以为视频带来更多的曝光和观众，提升其影响力和传播效果。无论是在社交媒体平台上发布还是在视频分享网站上发布，一个吸引人的标题都能够增加视频的点击率和观看量。

5.1.2 短视频标题设计的一般原则

设计短视频标题时应注意简洁明了、引人入胜、独特性、关键词优化、诱导点击和符合内容等原则，以吸引观众点击观看并提升视频的传播效果。

- **简洁明了**

标题应该简洁明了，尽量用简洁的语言表达视频的核心内容或主题。避免使用过长或复杂的句子，让观众能够一目了然地理解视频的内容。

- **引人入胜**

标题应该具有吸引力，能够引起观众的好奇心和兴趣。使用具有情绪或张力的词语，或者给观众一个疑问、挑战或引发思考的提示，激发他们点击观看视频的欲望。

- **独特性**

为了在众多视频中脱颖而出，标题应该具有独特性。避免使用平凡、模糊或过于普通的标题，而是选择能够突出视频的特点和亮点的词语或短语。

- **关键词优化**

考虑搜索引擎优化（Search Engine Optimization，SEO），在标题中使用相关的关键词，有助于提高视频在搜索结果中的排名。选择与视频内容相关且热门的关键词，有助于增加视频被搜索到的机会。

- **诱导点击**

使用一些诱导点击的词语或表达方式，如"不可错过""惊人的""揭秘"等，可以激发观众的好奇心，促使他们点击观看视频。

- **符合内容**

确保标题准确地概括视频的内容或主题，并与视频内容相符。标题不应该误导观众或与视频内容不相关，以避免观众的失望和不满。

5.2 16种常见的标题形式

短视频标题的设计常常是一件令人头疼的事情。然而，短视频标题的设计是可以遵循一定规律的。下面学习一些常见的标题形式，以帮助读者在创作中更好地设计短视频标题。

5.2.1 "提问式"标题

"提问式"标题通过提出问题吸引观众思考，引发好奇心，促使观众点击观看。这种标题方式更容易直击观众需求点。

例1	你知道这个神奇的小秘密吗
例2	你尝试过这种独特的瑜伽动作吗
例3	想知道如何秒速解锁心动他的好感
例4	你是否掌握了这3大职场必备技能

5.2.2 "指令式"标题

"指令式"标题用命令或建议的语气，直接告诉观众要关注的内容或行动要求。这种方式给人简单、干脆、直接的感觉。

例1	立刻学会这个简单的生活技巧
例2	马上学会这个高效记忆方法，轻松应对考试
例3	快速掌握这款热门舞蹈，成为派对焦点
例4	跟着这个实用教程，打造专属自己的家居风格

5.2.3 "悬念式"标题

"悬念式"标题通过制造悬念,让观众产生想要揭晓答案的冲动,引导观众点击短视频进行观看,而且更容易获得更高的视频观看时长。

例1	等你发现这个隐藏在角落里的宝藏
例2	不可思议!这个小巷子里竟藏着美食天堂
例3	一夜之间,她的人生发生了翻天覆地的变化
例4	竟然在这里找到了失传已久的传奇配方

5.2.4 "对比式"标题

"对比式"标题展示两种或多种事物进行对比，激发观众的好奇心和参与感，并且容易让观众自己带着内心的答案去探索这个短视频。

例 1	巧克力蛋糕 VS 草莓蛋糕，谁是你的最爱
例 2	夏日冰饮大 PK：奶茶 VS 咖啡，哪个更适合你
例 3	看完这个视频，你会选择户外运动还是室内健身
例 4	旅行目的地大比拼：海岛度假还是山地探险

5.2.5 "数字式"标题

"数字式"标题通过添加数字，让观众感受标题内容的专业性、条理性和可读性。

例 1	5 个独家小妙招，让你迅速提升烹饪技能
例 2	5 款绝美口红，让妆容的氛围感瞬间提升
例 3	7 个旅行必备清单，让你的旅程更轻松愉快
例 4	10 个省钱生活小窍门，让你轻松过上优质生活

5.2.6 "速成法"标题

"速成法"标题通过设置时间限制，增加紧迫感，引发观众迅速行动的欲望。

例 1	挑战 30 天成为舞蹈达人
例 2	21 天瑜伽挑战，重塑身心平衡
例 3	一个月学会吉他弹唱，享受音乐之旅
例 4	15 天速成摄影技巧，留住生活中的美好瞬间

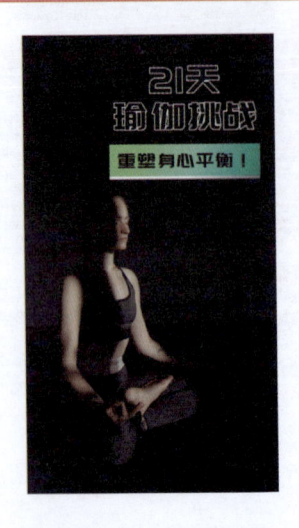

5.2.7 "情感共鸣"标题

"情感共鸣"标题通过触动观众内心情感,唤起共鸣,让观众产生共情。更容易获得评论、互动等。

例 1	为爱疯狂!跟我一起感受这段爱情故事吧
例 2	那些陪伴我们成长的旋律,一起回忆吧
例 3	当初的毕业照,如今已成为那段青春的回忆
例 4	父爱如山,一起感受那些温暖的时光吧

5.2.8 "惊喜元素"标题

"惊喜元素"标题通过"惊喜元素"吸引观众注意力,让观众想探索更多内容。

例 1	这个小发现竟然颠覆了我的认知
例 2	这个小玩意竟然让我摆脱了手机成瘾
例 3	你不会相信,我竟然在这里遇见了他
例 4	没想到一个小改变,竟让我的生活如此美好

5.2.9 "挑战性"标题

"挑战性"标题通过设置"挑战性"内容,激发观众好胜心和参与欲望。通常这类短视频可能有更高的完播率和复播率。

例 1	敢不敢与我一决高下?测试你的智商极限
例 2	谁能在 5 分钟内完成这个极限挑战
例 3	敢接受这个全球最辣的辣椒挑战吗
例 4	试试看!这道谜题难倒了 99% 的人,你能破解吗

5.2.10 "引导式"标题

"引导式"标题通过指导性语言,让观众跟随视频内容学习和探索。

例 1	跟着我一步一步,轻松掌握这项技能
例 2	跟我一起学习这款流行发型,让你瞬间轻松变美
例 3	跟着这个攻略,让你的旅行变得更轻松有趣
例 4	跟我一起探寻家乡的人文故事,发现别样风景

5.2.11 "跨界式"标题

"跨界式"标题结合两个或多个领域,呈现独特的创意和视角。让观众感觉这个短视频应该会十分有趣、非常好玩。

例 1	当料理遇上魔法,诞生了这样的奇迹
例 2	当美食遇上科学,竟然诞生了这样的黑科技
例 3	当古典音乐与街头涂鸦碰撞,你将看到怎样的火花
例 4	当时尚遇上环保,一起来探索这种独特的生活方式

5.2.12 "趣味对战"标题

"趣味对战"标题通过有趣的对抗形式，可以增加观众的观看兴趣和互动欲望。

例1	喵星人 VS 汪星人，谁将赢得这场萌战
例2	智商大对决：数学天才 VS 语言天才，谁能胜出
例3	史上最萌比赛：宠物时装秀大赛，谁将荣获冠军
例4	甜品界的巅峰之战：华夫饼 VS 可丽饼，哪个更诱人

5.2.13 "暖心"标题

"暖心"标题通过传递温暖、激励和正能量的内容，可以让观众感受到心灵的滋养。

例1	那些年，我们一起走过的青春路
例2	那些曾经的坎坷路，如今已成为我们坚强的基石
例3	一起回顾那些感动瞬间，温暖我们的心灵吧
例4	用微笑面对生活中的困境，让我们一起成为更好的自己

5.2.14 "经验分享"标题

"经验分享"标题通过分享个人的经验和心得,可以让观众感受到实用价值和亲切感。这种标题方式,可以快速拉近与观众的距离。

例 1	我如何用 3 个月时间突破英语瓶颈
例 2	我如何在短时间内戒掉熬夜的坏习惯
例 3	我如何从一个小白变成了一名资深旅行达人
例 4	从零开始学习绘画,我用了这些方法迅速进步

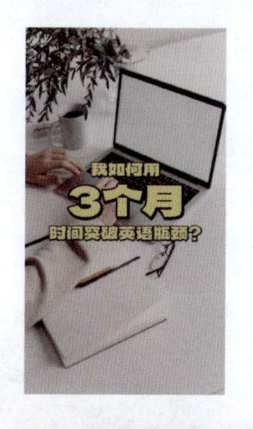

5.2.15 "穿越时空"标题

"穿越时空"标题通过时空穿越的设定,引发观众的想象力和对未来的向往。

例1	穿梭古今，重温那些被遗忘的故事
例2	古代宫廷美食，让我们一起品味那个时代的美好
例3	跟随历史的脚步，探寻那些被遗忘的英雄传奇
例4	时光倒流，一起重温那些经典的电影时刻

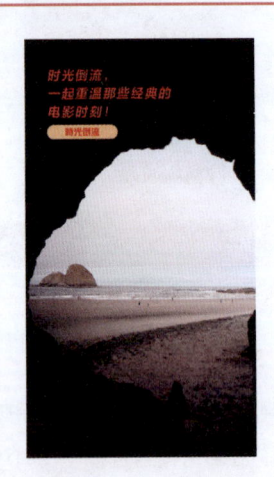

5.2.16 "夸张手法"的标题

"夸张"是吸引人的有力方式。"夸张"标题以幽默的方式夸大想要表现的内容，但要尽量避免用不真实的夸大使人产生厌恶之感。

例1	他家的辣椒炒肉，我能吃8盘
例2	好吃到想哭的披萨
例3	中餐届的天花板！绝了
例4	哈哈哈！笑到邻居以为我家养了鹅，并且到物业投诉了我

第 2 篇
短视频文案提高篇

第 6 章
创作不同风格的文案

本章内容简介

本章旨在探索短视频创作中多样化的文案风格。通过学习不同的文案风格，可以了解如何根据不同的主题和目标观众，运用合适的语言和情感表达来撰写吸引人的短视频文案。

本章有 13 种不同风格的文案创作。

重点知识掌握

- 不同类型的短视频文案的写作思路。
- 短视频文案的不同写作风格。

6.1　产品介绍文案：无霜冰箱

产品介绍类短视频文案需要简洁明了地介绍产品的特点、功能和使用方法，吸引用户关注并促进销售。要注意把握好视频的时长和重点，避免出现冗长介绍和无关信息。同时，可以通过增加趣味性、情感化等元素，提高用户的观看时长和购买欲望。

6.1.1　生动形象风格

今天，我要给大家推荐的是一款超级无敌的××无霜冰箱！这款冰箱外形简约，功能强大，像一个高科技控制中心一样！真的不会产生霜，让你再也不用为清理霜而烦恼啦！来吧，让我们一起来感受这个时尚科技带来的便捷！

6.1.2　热情洋溢风格

哈喽，各位小伙伴！今天，我要跟大家分享的是一款超级棒的××无霜冰箱！这个冰箱不仅有很大的容量，还能保持食品新鲜、营养不流失！而且，无霜的设计让你再也不用为冰箱清理而烦恼啦！快来感受这款冰箱给你带来的生活惊喜吧！

6.1.3　简洁明了风格

××冰箱，无霜设计，告别除霜烦恼。智能温控，保鲜更久。宽敞储藏，轻松有序。节能省电，环保省心。简约外观，家居必备。

6.1.4 专业严谨风格

这款无霜冰箱采用的是目前先进的××压缩冷凝技术，无须手动去除冰霜，能够保持冷藏室干燥，食品保鲜效果更佳。同时，借助××技术，多层密封结构和变温区设计，还能满足不同食品的存储需求。强烈推荐这款优秀的冰箱！

6.1.5 实用时尚风格

作为一个"宅男"或"宅女"，没有一台好用的冰箱怎么行呢？今天，我给大家推荐的是一款无霜冰箱，它不仅能满足你的存储需求，还能省去你清理冰箱的烦恼！简洁实用的设计，让你的生活变得更加方便！快来一起感受这款冰箱带来的实用性吧！

6.2 测评类短视频文案：咖啡机

测评类短视频文案需要准确地描述产品的特性和优缺点，并结合自己的使用经验和感受进行客观评价，同时需要用生动有趣的方式呈现给观众，让观众更加深入地了解产品的使用效果和实用价值。测评类短视频文案可以从产品的外观、功能、性能等多个方面进行展示和分析，通过真实的测评结果和数据来证明产品的优劣，引导观众作出明智的消费选择。

6.2.1 指导建议风格

今天,我来给大家分享一下选择咖啡机的建议。首先,要根据自己的喜好和需求来选择机器的型号和功能。其次,要注意机器的品牌、材质和质量,确保使用寿命长且易于维护。最后,还要考虑机器的价格和性价比,选择适合自己的价格区间。希望这些指导能帮助大家选择一台合适的咖啡机!

6.2.2 专业分析风格

很多热爱咖啡的小伙伴都在咨询我该如何选择咖啡机,今天,我来为大家介绍选择咖啡机的基本思路。在选择咖啡机时,需要关注以下几个因素:① 咖啡机的稳定性和耐用性;② 咖啡机的材料和品质;③ 咖啡机的水箱容量和电源功率;④ 咖啡机的操作方式和清洁难度。综合考虑这些因素,选择一台适合自己的咖啡机,才能让你每天都喝到美味的咖啡。

6.2.3 品牌推荐风格

今天,我要向大家推荐我个人喜欢的咖啡机品牌。首先是×××品牌,这种品牌的咖啡机外形简约,咖啡口感醇厚。其次是×××品牌,这种品牌的咖啡机外观时尚,不仅性能强劲,而且能够提升空间的颜值。最后是×××品牌,这种品牌的咖啡机名目繁多,价位齐全,可满足不同用户的需求。希望我的推荐能帮助大家选择一款适合自己的咖啡机。

6.2.4 个人经验风格

作为一名咖啡爱好者和咖啡机重度使用者,我来分享一下自己选购咖啡机的经验。我选择的是×××品牌的咖啡机,因为它的品质非常稳定,使用寿命长。而且,它的自动清洗功能非常方便,让我省去了清洗的麻烦。所以,我建议大家在选购咖啡机时,可以根据自己的需求和预算,以及其他个人的偏好等因素来选择适合自己的咖啡机。

6.2.5 贴心解答风格

我知道很多人在选购咖啡机时会有很多问题。例如,应该选择手冲咖啡机还是自动咖啡机?需要注意哪些材料和功能?价格和性价比如何平衡?如果你有这些疑问,可以在评论区留言,我会尽快给大家解答。希望我的经验和知识能帮助大家选择一款适合自己的咖啡机。

6.3 美食类短视频文案：麻辣鸭脖

美食类短视频文案应当围绕美食的特点、味道、食材、做法等方面展开描述，通过生动形象的描述让观众感受到食物的美味和魅力，同时需要注意措辞准确、简洁明了，尽可能地让观众在短时间内对美食产生共鸣，引起他们的兴趣和购买欲望，从而促进产品的销售。

6.3.1 生猛霸道风格

这就是我心目中的"麻辣鸭脖 NO.1"！一口咬下去，麻辣鲜香！让人上瘾！这个鸭脖不光辣，还有一种鲜美的味道，让你欲罢不能！来吧，不试试怎么知道什么是真正的美味呢？

6.3.2 轻松幽默风格

这个"麻辣鸭脖"简直就是我的救星啊！嘴馋时刻来一根，辣辣的味道立刻让我胃口大开，感觉整个人都精神了起来！还能消解零食瘾，让我远离垃圾食品。来吧，一起来享受这份健康美味吧！

6.3.3 温馨感人风格

今天我要分享的是我最喜欢的一款鸭脖，叫做"×××麻辣鸭脖"。这个鸭脖不仅仅是美食，更是我们一起分享的幸福。一人吃不如众人吃，一人乐不如众人乐。情侣约会，朋友聚会，家人团聚，让我们一起品尝这份美味，一起分享这份幸福！

6.3.4 专业严谨风格

"×××麻辣鸭脖"是选用×地独特的××鸭，新鲜鸭脖搭配×地独有香辛料，口感麻辣且鲜美，绝对是休闲零食中的佼佼者。我作为一名资深吃货主播，给大家推荐这款产品，保证品质优良，让你吃得放心！

6.3.5 惊喜礼物风格

还在为送礼不知道送什么而烦恼吗？不如来一份"×××麻辣鸭脖"吧！这款鸭脖味道鲜美，口感麻辣，不仅适合自己吃，还是送礼的好选择。送给亲朋好友，让他们尝尝这份美味，一定会让他们感受到你的心意！

6.4 时尚类短视频文案：夏季穿搭

时尚类短视频文案需要准确描述商品的特性，强调产品的品质和独特之处，并展示与时尚搭配的效果。此外，可以通过讲述品牌故事、背后的设计灵感等元素来增加故事性和情感共鸣，吸引年轻受众的关注。同时，也需要避免过于炫耀和夸张，要保持一定的真实性和可信度。

6.4.1 知识普及风格

夏季到了,如何穿搭才能既时尚又舒适呢?首先,要选择透气性好、柔软舒适的面料,如棉麻、丝质等。其次,要考虑颜色和款式,选择清爽明亮的颜色和宽松轻盈的款式,让自己在高温下依然保持清爽和舒适。最后,搭配合适的鞋子和配饰,如凉鞋、墨镜等,让整个造型更加完美。希望这些知识能帮助大家打造出夏季的时尚穿搭。

6.4.2 搭配技巧风格

作为一名关注时尚的博主,我来分享一下夏季的穿搭技巧。夏季穿搭需要考虑多种元素,如颜色、材质、款式、搭配等。例如,可以选择一款清爽的连衣裙,再搭配上一个时尚的小包和一双合适的凉鞋。或者选择一条牛仔短裤,搭配上一件休闲的T恤和一双运动鞋,既时尚又舒适。让我们一起来学习夏季穿搭的搭配技巧吧!

6.4.3 实用推荐风格

对于大学生来说,暑假旅行的穿搭就要轻便、透气和舒适,同时也要具有时尚和个性。我个人非常喜欢穿宽松的短裤和连衣裙,这样可以轻松应对高温天气。同时,选择舒适的凉鞋和小包,也是夏季出行的必备品。

6.4.4 流行趋势风格

夏季穿搭的流行趋势是什么呢?今年的夏季流行元素包括露肩、荷叶边、蕾丝等,同时还有流行的纹路、图案和配色。可以选择一些印花连衣裙、高腰阔腿裤和露肩上衣等单品,搭配上一些时尚的配饰,如耳环、手链等,打造出时尚感十足的夏季穿搭。

6.4.5 个人喜好分享风格

每个人的穿搭风格都不一样,我个人喜欢选择舒适、自然和个性的单品,如宽松的短裤、条纹T恤和凉鞋等。夏季的穿搭还可以根据不同的场合来搭配,如工作、休闲、度假等。同时,也可以根据自己的风格来选择不同的元素,如颜色、材质、款式和配饰等。让我们一起来分享和探索属于自己的夏季穿搭风格吧!

6.5 生活类短视频文案：你不知道的香蕉花

生活类短视频文案需要关注人们的日常生活和生活方式，内容可以涉及家居装饰、家庭教育、旅游出行、健康养生等方面。文案需要简洁易懂，紧扣观众的需求和兴趣点，从实用性、趣味性等角度出发，给观众带来生活的指南和启示。同时，也可以适当加入个人经验和感受，与观众产生共鸣，增强互动性和影响力。

6.5.1 科普知识风格

你知道吗？香蕉树上开满的香蕉花其实也是可以食用的。香蕉花富含多种营养成分，如蛋白质、碳水化合物、钙和铁等，对身体健康有很大的益处。同时，香蕉花也有美容养颜的功效。让我们一起来学习如何制作香蕉花美食吧！

6.5.2 乡村风味风格

可能有的朋友见过香蕉花，但香蕉花做的菜你们吃过吗？今天我要分享一下我们家乡的特色美食——香蕉花炒鸡蛋。首先，将新鲜的香蕉花去除花瓣，留下花蕾；其次，用鸡蛋和适量的调料炒制，香气四溢，营养丰富。这是一道家常的乡村风味美食，让我们一起来尝试制作吧！

6.5.3　零消费环保风格

今天要和大家分享一种环保的生活方式——吃香蕉花。很多人都会将香蕉花扔掉，其实香蕉花也是可以食用的，而且富含多种营养成分，可以制作成多种美食。这是一种零浪费的环保生活方式，让我们一起来尝试吧！

6.5.4　创意菜肴风格

我是一名喜欢在美食里加点儿创意的生活博主。今天我要给大家介绍一道创意菜肴——香蕉花沙拉。将新鲜的香蕉花拌入沙拉中，搭配上蔬菜、水果和适量的调味汁，色彩斑斓，营养丰富。没试过的朋友们一起来尝试制作吧！

6.5.5　健康养生风格

香蕉花不仅味道鲜美，还有很多健康养生的功效。香蕉花富含多种营养成分，如维生素、蛋白质、膳食纤维等，对身体健康有很大的益处。可以用香蕉花泡茶，也可以将其制作成香蕉花汤，让身体更健康。同时，香蕉花还可以美容养颜，对女性朋友来说尤为重要。让我们一起来学习如何制作香蕉花美食，享受健康美味的生活吧！

6.6　家居家装类短视频文案：DIY 旧房改造

家居家装类短视频文案应注重传达装修设计、家居风格和空间布局等信息。通过简洁明了的语言和画面展现，让观众感受到家居设计的美感和实用性，同时引导他们了解产品的特点和优势，提高购买欲望。此外，亦可借助生活场景和人物形象等元素，让观众感受到家居设计的乐趣，提高短视频的观看和分享量。

6.6.1　自我坚定风格

热爱 DIY 一切的我，绝对不能接受由其他人来设计我的房子，这次我要把旧房变成我的梦想之家。我要用全部的时间和精力，来创造一个舒适、温馨和有个性的空间，让每一寸空间都充满我的心意和灵感。

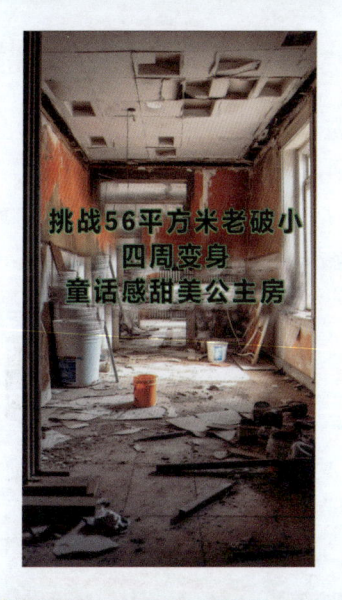

6.6.2 热情洋溢风格

我要用自己的双手和智慧,让旧房焕发新生。我要把空间打造成一个充满美感的空间,让家中的每一个角落都能够散发出我的生活方式和品味。这就是我对家的热爱。

6.6.3 创意技巧风格

用创意点亮旧房!从简单的改造到独具匠心的装饰,学习这些独特的 DIY 技巧,让你的家焕发新的活力。

6.6.4 情感关怀风格

每个家庭都有故事,每个旧房都值得呵护。情感的温度让旧房重获新生!用爱和关怀,为你的家带来舒适与温馨。一起体验这个 DIY 改造之旅,让家成为最温暖的港湾。

6.6.5 探索挑战风格

旧房改造是一次对自己的挑战,也是一次对空间的重新定义。从乏味旧房到梦想之家,这个 DIY 挑战将考验你的技巧和创造力。跟随我们,一起克服难题,打造独一无二的家居,探索改造的奇妙之旅!

6.7 萌宠类短视频文案：家有猫咪

萌宠类短视频文案要注重表现宠物的可爱和趣味性，通过描述宠物的行为和表情，吸引观众的注意力和情感共鸣。同时，要结合萌宠相关的话题和趣事，增加观众的参与度和互动性，如宠物趣事分享、宠物穿搭、宠物美容等。文案要简洁明了，重点突出，尽可能让观众在短时间内了解宠物，产生共鸣和关注。

6.7.1 温柔呵护风格

悄悄走近，用温柔的手指轻轻抚摸猫咪的柔软耳朵，感受那温暖的蹭蹭，是猫咪对你最纯粹的表达爱的方式。在你的呵护下，猫咪感到安心和被爱的温暖，与你分享着无数次的亲密时刻。

6.7.2 开心互动风格

猫咪的好奇心总是带来无尽的乐趣，用羽毛棒在它们面前晃动，激发它们的猎物本能。看着它们追逐与跳跃的身姿，仿佛你们也一同进入了一个充满欢乐与互动的小世界，忘却了一切烦恼。

6.7.3 细心聆听风格

仔细聆听猫咪的声音，它们用不同的叫声表达不同的情绪。当你听到一声"咕噜""咕噜"时，那是它对你的亲近和喜爱；而一声长鸣，是它寻求你的陪伴和关注。通过聆听和理解它们的声音,你们和猫咪之间的交流将更加深入。

6.7.4 健康关怀风格

每天为猫咪准备健康均衡的饮食,让它们摄取到足够的营养,保持强壮和活力。梳理猫咪的毛发,防止毛球的产生,保持它们的毛发整洁和光亮。同时,定期带它们去做检查,接种疫苗,预防疾病的发生。你的细心照顾将让猫咪拥有健康、快乐的生活。

6.7.5 舒适贴心风格

在寒冷的冬日,为你的猫咪准备一个舒适温暖的小窝,铺上柔软的毛毯,让它能够卷成一团,在温暖的环境中安心休息。这个温暖的庇护所不仅给予猫咪温暖,也代表着你对它们的关爱与呵护。

6.8 科普类短视频文案:月球

科普类短视频文案需要以通俗易懂的方式,将复杂的知识点转换为简单易懂的语言,让观众在短时间内获取新的知识,同时还需要引起观众的兴趣和好奇心,让他们对所介绍的内容产生兴趣,并愿意继续学习和探究。因此,科普类短视频文案需要有生动有趣的例子,有趣的故事,以及可视化的图表和动画,从而更好地吸引观众的注意力和兴趣。

6.8.1 诗情画意风格

在这寂静的夜空中，我们能看到一轮明月悬挂在天空中。这是我们的"月球"，它在宇宙中默默地守护着我们。月球上有美丽的撞击坑，有神秘的黑暗面，还有众多的陨石。让我们一起来探索这个神秘的世界吧！

6.8.2 幽默干货风格

今天我要给大家讲解一个有关月球的小知识。你知道吗？月球上有一种叫"月球痕"的现象，它就像月球上的"痘痘"，有大有小，有深有浅。而且，这些"月球痕"不是由月球上的生物造成的，而是因为它被撞了大大小小的坑！所以说，月球也需要靠皮肤来维持它的美丽啊！

6.8.3 科普专业风格

月球是地球的唯一自然卫星，它的直径约为地球的四分之一。月球表面有高山、火山、陨石坑等地形，没有大气层和水，温度差异极大。我们可以通过月球探测器、登月计划等手段来深入探索月球，了解其地质、气象等方面的特征。让我们一起来探索这个神秘的天体吧！

6.8.4 感性情感风格

月亮在我们生命中有着特殊的意义，是浪漫和梦想的象征。每当我们看到满月挂在夜空中，总会感受到一种宁静和祥和。同时，月球对地球的引力，也对我们的生活有着重要的影响。让我们一起感受这个美丽的天体带给我们的情感和力量！

6.8.5 趣味十足风格

快看！这个月亮好大啊！你知道吗，月亮不是每天晚上都是一样大小的。在月亮的轨道上，它有时候会距离地球较远，有时候会距离地球较近，所以看起来大小不一。这就是所谓的"超级月亮"和"微缩月亮"。快来和我一起观察月亮，看看今晚是不是"超级月亮"呢？

6.9 才艺技能类短视频文案：插花花器的选择

才艺技能类短视频文案应该突出展示主题，吸引观众的兴趣和注意力，同时要准确描述视频内容和特点，呈现出精彩的演示和表现，引导观众关注细节，了解技巧，让观众感受到收获和启发，同时需要用简短有力的语言点题、点睛，引起观众的思想共鸣和情感共鸣，加强与观众的互动。

6.9.1 艺术美学风格

从经典的陶瓷花瓶到时尚的玻璃花器，每一个选择都散发着浓郁的文艺气息。让我们一起欣赏花器的独特设计，感受花朵与器皿的完美融合，一同享受插花艺术带来的美妙心灵之旅。让我们用花器点缀生活，用花朵演绎艺术，将每一个时刻都装点成诗意盎然的画面！

6.9.2 功能性实用风格

选择合适的花器不仅可以美化插花作品，还可以提高插花的实用性和安全性。例如，有些花器适合长茎花卉的插花，而有些花器适合短茎花卉的插花。还有一些花器可以提供更好的支撑力和稳定性，让插花作品更加安全可靠，美观大方。在选择花器时，可以根据花卉的类型和插花的需要来选择合适的花器。

6.9.3 环保可持续风格

选择环保可持续的花器也是一种对环境的负责和关注。有些花器可以回收利用或者采用环保材料制作，这样不仅可以减少浪费，还可以保护环境。

在选择花器时，可以考虑是否符合环保标准和是否能够持久耐用。

6.9.4　DIY 创意风格

如果你也是动手达人，那么 DIY 合适的花器也可以成为一种创意和趣味。你可以用各种材料制作花器，如纸张、竹子、陶瓷等。还可以尝试不同的造型和风格，让花器更加个性化和有创意。在选择花器时，可以发挥自己的想象力和创造力，创造出属于自己的独特花器。

6.9.5　经济实惠风格

如果你不想花太多的钱购买花器，那么选择经济实惠的花器也是不错的选择。可以选择一些价格比较合理的花器，或者在二手市场或淘宝上购买优质的二手花器。在选择花器时，可以考虑价格和质量的平衡，选购适合自己的花器。

6.10　旅行类短视频文案：丽江旅行

旅行类短视频文案需要把目的地的美景和特色呈现出来，可以通过景点介绍、分享旅游体验以及提供实用旅行攻略，吸引观众的眼球，同时可以结合个人的亲身经历和感受，增强观众的共鸣和好奇心，带给他们愉悦的体验和灵感。在文案写作中要突出景点的特色和独特之处，通过用词、配乐等手段，让观众产生身临其境的感觉，从而提高短视频的吸引力和传播效果。

6.10.1 美食体验风格

今天要和大家分享在丽江旅行的美食体验。丽江是云南的一个美丽古城,这里的美食非常丰富,有著名的火塘鸡、酸辣鱼和丽江酸奶等。在这里,你可以品尝到地道的云南美食,感受当地的美食文化。

6.10.2 民俗文化风格

丽江是一个充满民俗文化的地方,这里有着独特的纳西族文化和建筑风格。在丽江旅行,你可以参观丽江古城、束河古镇等地,了解当地的文化和历史。还可以品尝当地特色美食,欣赏民族音乐和舞蹈表演,感受不同的文化氛围。

6.10.3 自然景观风格

丽江是一个自然风光优美的地方,这里有美丽的雪山、湖泊和河流。在丽江旅行,你可以欣赏玉龙雪山的壮丽景象,漫步在丽江古城的小巷中,感受当地的自然和人文景观。

6.10.4 亲子旅游风格

如果您和家人一起旅行,那么丽江也是一个非常适合亲子旅游的地方。在这里,您可以带孩子参观丽江古城、束河古镇等地,了解当地的文化和历史。还可以到丽江黑龙潭公园、泸沽湖等地游玩,感受自然的美丽和亲子旅游的乐趣。

6.10.5 徒步旅行风格

丽江是一个非常适合徒步旅行的地方,这里有着美丽的自然风光和丰富的文化历史。在丽江旅行,您可以徒步玉龙雪山、虎跳峡等地,感受自然的壮丽和人文的历史。同时,还可以品尝当地特色美食,了解当地的文化和风俗习惯。

6.11 "三农"类短视频文案:古法制作腊八蒜

"三农"类短视频文案以关注农业、农村和农民生活为主,体现农业现状和未来发展趋势,引导观众关注农业发展、支持农村建设和农民脱贫致富。文案可以结合生动的图片、视频素材和生动有趣的叙述方式，让观众了解农村生活的真实情况，呼吁更多人参与到农业发展和农村建设中来。

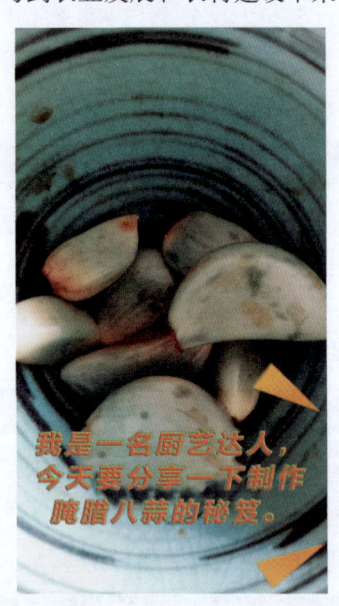

6.11.1 古法制作风格

今天要分享一道传统美食——腌腊八蒜。这道美食需要选用新鲜的大蒜，先将其剥皮、晒干，再用盐、辣椒等调料进行腌制。腌好的腊八蒜不仅味道鲜美，还有保健功能。让我们一起来学习古法制作腌腊八蒜的方法吧！

6.11.2 地道乡味风格

今天，我给大家介绍一款地道的乡村美食——腌腊八蒜。腌腊八蒜在我们农村里经常见到，每年农闲时节都会制作。这道美食的味道浓郁，同时还有助于消化和预防感冒。让我们一起来品尝这份地道的乡味美食吧！

6.11.3 健康营养风格

腌腊八蒜是一道非常营养的美食。大蒜含有丰富的抗氧化物质和对抗细菌的成分，腌制后人体更容易吸收，对身体健康有很大的帮助。而且，这道美食不需要添加任何化学添加剂，保证了其健康营养的特点。让我们一起来学习制作这道美食吧！

6.11.4 个性口味风格

吃过腊八蒜，但你吃过红酒腊八蒜吗？作为一名热爱探索新口味的美食博主，今天给大家介绍一种口味独特的腌腊八蒜——红酒腌腊八蒜。将新鲜的大蒜腌制在添加了红酒和冰糖的米醋里。将容器密封，放置到阴冷的地方。待至 7～10 天后，大蒜变绿以后即可食用。嘎嘣脆，特有味！

6.11.5 厨艺秘笈风格

今天，我为大家分享一下我家的祖传招牌——腌腊八蒜的制作秘笈。首先，需要选用新鲜的大蒜，晒干后再用食盐和辣椒等调料进行腌制。腌制的时间也非常重要，一般需要 3～5 天。最后，将腌好的腊八蒜晾干，放到干燥的地方存放即可。记住，制作过程中要注意卫生和食材的质量，这样才能制作出美味又健康的腌腊八蒜。让我们一起来学习这个厨艺秘笈，制作出美味的腌腊八蒜吧！

6.12　运动健身类短视频文案：家庭瑜伽

针对运动健身类短视频文案的写作，需要突出健康、运动、美体、减肥等关键词，通过引人入胜的视频内容和生动的文字描述，让观众感受到健身运动的乐趣和成果。同时，还可以加入一些专业知识和技巧，提供健身指导和建议，增强观众对视频的认可度和信任感。文案需要直接清晰地传达信息，同时要具有亲和力和可操作性，吸引观众参与并跟随练习。

6.12.1 激励鼓舞风格

勇敢地迈出第一步！点燃你的瑜伽激情！不论你是初学者还是经验丰富

的瑜伽爱好者，这个视频将引领你踏上一段身心平衡和健康的旅程。展现你的力量和灵活性，挑战自己，超越极限，成为一个更强大、更自信的自己！

6.12.2 温和关怀风格

瑜伽是与自己和谐相处的美妙方式。在这个瑜伽视频中，你将体验到瑜伽的放松与恢复的力量。让我们柔和地伸展和深呼吸，带你远离忙碌和压力，获得内心平静和身体舒适。放下一切，让瑜伽的力量带你远离喧嚣，找到内心的宁静和平衡。

6.12.3 健身塑形风格

家庭瑜伽也是一种非常好的健身和塑形方式。瑜伽练习可以帮助你塑造身体曲线和提高身体柔韧度，同时也可以帮助你减肥和燃烧脂肪。可以选择一些具有塑形和燃脂功效的动作，如山式、三角式等。

6.12.4 健康养生风格

家庭瑜伽不仅可以帮助你舒缓身体压力，还可以有益于身体健康和提高养生水平。瑜伽练习可以帮助调节身体的内分泌和神经系统，提高身体免疫力，降低患病的风险。可以选择一些具有调理身体功效的动作，如莲花式、蝴蝶式等。

6.12.5 亲子活动风格

如果你有孩子，家庭瑜伽也可以成为一种非常有趣的亲子活动。可以选择一些简单有趣的动作，让孩子一起参与瑜伽练习。这样不仅可以锻炼身体，还可以增强亲子关系。可以选择一些适合孩子参与的动作，如蝴蝶式、飞鸟式等。

6.13 情感类短视频文案：一个人在一座陌生城市

情感类短视频文案一般围绕着人物情感、亲情、爱情、友情等方面展开，通常采用文字与视频相结合的形式，力求用简短的文字和精彩的画面来表达情感，引起观众的共鸣。在文案撰写过程中，需要注重情感的营造和刻画，采用感性的语言和方式，同时结合情感的烘托和渲染，引发观众的情感共鸣，从而增强视频的传播效果。

6.13.1 自我激励的情感风格

这个陌生的城市里，我不再像过去那样依靠别人，我要变得更加独立和坚强。孤独不再让我害怕，我要找到自己的存在感，去探索和追寻自己的梦想和目标。

6.13.2 冒险探索的情感风格

当我一个人在这座陌生的城市时，我不会让孤独和恐惧击败我。相反，我要挑战自己，去探索和发现这座城市的每一个角落。我要从未知中寻找快乐，让自己的生命充满勇气和活力。

6.13.3 展现真实的情感风格

这座陌生的城市，让我觉得无助和不安。但是我知道，我需要学会自己面对孤独和恐惧，去接纳自己的不完美和缺陷。我要让自己更加自信和勇敢，去展现自己的真实和独特。

6.13.4 坚定目标的情感风格

在这个陌生的城市里，我感受到了很多未知和不确定。但是我不会轻易放弃自己的信念和梦想。我要坚定自己的目标和方向，让自己的人生更加充实和有意义。

6.13.5 放松自己的情感风格

当我一个人生活在这座陌生的城市时，我不再焦虑和害怕。相反，我要放松自己，去感受城市的氛围和文化，让自己充满好奇心和探索的欲望。我要让孤独变成自己的朋友，让自己的生命更加丰富多彩。

第 7 章
短视频文案的排版与美化技巧

本章内容简介

在短视频中，文案的排版扮演着重要的角色。一个好的文案排版能够吸引观众的眼球，增加观看的概率，并有效传达信息。本章通过对短视频文案的排版与美化技巧进行讲解，帮助读者改善短视频中文字排版不美观的问题。

重点知识掌握

- 短视频文案的字体与效果。
- 短视频文案的排版。
- 在"剪映"App 中创建不同的文字效果。

7.1 短视频文案的字体与效果

短视频的画面中经常需要展示部分文字，优秀的文案还需要合适的展示方式。选择合适的短视频文案的字体与效果既利于观众观看，又可以为短视频增色。

本节有6种短视频文案的字体与效果。

7.1.1 选择合适的文案字体

选择字体时要了解不同字体的特点和适用场景，选择适合于短视频风格和内容的字体。例如，文艺感的风景视频可以搭配偏古典的书法体文字，而可爱的字体则不一定特别合适。

7.1.2 设置恰当的字体颜色

配色方式的选择取决于视频的主题、情感表达和目标观众的喜好。合理的配色搭配能够营造出与主题相符合的氛围，增强观众的视觉体验，使短视频更具吸引力和影响力。在选择配色时，需要注意颜色的明暗度、饱和度以及与背景、文字的协调性，以确保整体效果的美观和和谐。

常见的配色方式有很多种。例如，选择与视频画面对比反差强烈的对比色可以营造出非常鲜明的对比效果，视觉冲击力强，画面更具刺激感，也更加吸引观众的眼球。例如，红与绿、黄与紫、橙与蓝、青色与洋红等颜色搭配等。

选择与画面色彩相邻的颜色可以营造出协调的视觉效果。例如，红与橙、橙与黄、黄与绿、绿与青、青与蓝等颜色的搭配等。

选择相同色调下不同明暗度的颜色进行搭配，能够营造出柔和而有层次感的效果。例如，深黄与浅黄、灰色与白色、浅粉与深灰粉色等。

7.1.3 文案字体的大小

根据短视频平台观众的阅读习惯，选择合适的字号和行间距。确保字体大小适中，行间距舒适，方便观众阅读和理解。短视频中文案字体的大小非常重要，适合的文字大小可以让观众更清晰地看清文字内容，而若文字太小，则不利于观看阅读。

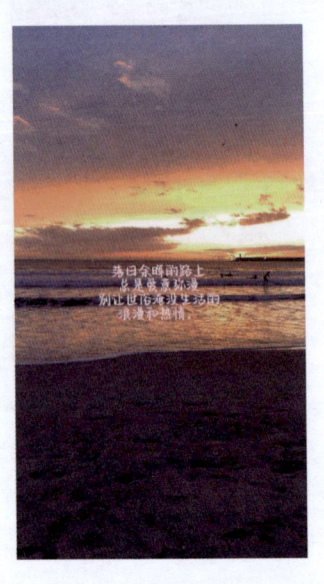

7.1.4　文案字体的样式

　　文案字体的样式可以为短视频增加情感氛围。例如，使用更可爱的字体样式，可以让视频看起来更有趣、生动、可爱。而缺少字体样式的文字则使人感觉比较冷淡、有距离感。

7.1.5　多文案组合

　　合理安排文字的位置和布局，使其与视频画面相融合，营造和谐的整体效果。根据需要，一般选择居中、左对齐、右对齐或分散对齐等布局方式。另外，通常短视频中不仅仅有一组文字。当文字较多时，不妨尝试提取核心文字，并与其他文字进行组合，这样的画面效果会更加丰富。

7.1.6　为文案添加动画

根据短视频平台提供的特效和动画功能，适当运用特效和动画效果，增强文案的吸引力和互动性。

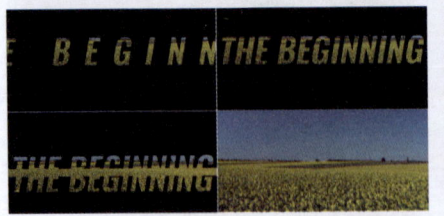

7.2　短视频文案的排版

短视频文案的排版不仅可以使短视频产生不同的画面风格，还可以产生强烈的视觉冲击效果。本节将介绍 5 种常见的短视频文案排版类型。

7.2.1　"满版型"文案版式布局

"满版型"文案版式布局是指文字占据了整个版面，这样的版面极具冲击力，让观众第一眼就会看到文字内容。

7.2.2 "中心型"文案版式布局

"中心型"文案版式布局是指将文字分布于画面的中心位置,将观众的视觉重心移至画面中心。

7.2.3 "经典型"文案版式布局

"经典型"文案版式布局是指文字摆放至画面下方,这是最经典、最常见的文案布局方式。给人以舒适、自然的感觉。

7.2.4 "倾斜型"文案版式布局

"倾斜型"文案版式布局是指将文字倾斜摆放,如对角线式摆放。"倾斜型"文案版式布局会给观众带来不稳定、刺激、冲突、生动的视觉感受。

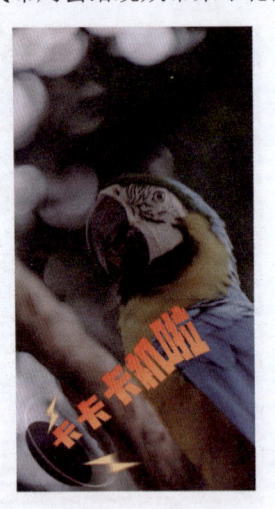

7.2.5 "自由型"文案版式布局

"自由型"文案版式布局是指文字分布比较自由,不拘谨于仅仅摆放于某个特定的、严谨的位置。这种布局方式给人生动、鲜活、自由的视觉感受。

7.3 在"剪映"App中创建不同的文字效果

本案例使用"剪映"App中的"文字"工具创建文字，选择合适的字体，并制作文字花字效果。制作音频丰富画面。

（1）下载并安装"剪映"App，打开"剪映"App。单击"开始创作"工具。

（2）将01.mp4素材文件导入"剪映"中。在"工具栏"面板中单击"文字"工具。

（3）将时间线滑动至起始时间位置处，在"工具栏"面板中单击"新建文本"工具。

（4）在"文字"面板中输入合适的文字内容，单击"字体"/"手写"工具，选择合适的字体。

（5）接着单击"样式"/"文本"工具，设置"字号"为15。

（6）单击"花字"/"粉色"工具。选择合适的花字字体。

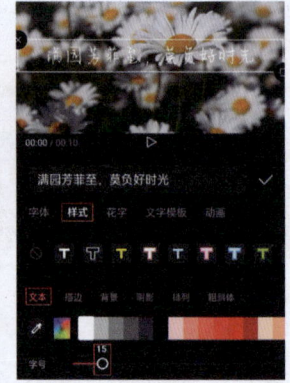

（7）设置文字的结束时间与视频结束时间相同。

（8）将时间线滑动至起始时间位置处，在"工具栏"面板中单击"音频"/"音乐"工具。

（9）首先，在弹出的"添加音乐"面板中单击"抖音"工具；其次，在"抖音"面板中选择合适的音频文件；最后，单击"使用"按钮，并设置音频文件与视频文件的结束时间相同。

7.4 在"剪映"App中将语音转文字

本案例将使用"剪映"App中的"音频"工具为画面添加音乐效果，并使用"识别歌词"工具为画面添加文字制作文字字幕效果。

第 7 章　短视频文案的排版与美化技巧

（1）打开"剪映"，将视频01.mp4素材文件导入剪映中。

（2）将时间线滑动至起始时间位置处，在"工具栏"面板中单击"音频"/"音乐"工具。

（3）在弹出的"添加音乐"面板中，单击"抖音"工具，接着在"抖音"面板中选择合适的音频文件，单击"使用"按钮，并设置音频结束时间与视频结束时间相同。

（4）接着将时间线滑动至起始时间位置处，在"工具栏"面板中单击"文本"/"识别歌词"工具。

（5）在弹出的"识别歌词"面板中单击"开始匹配"按钮。接着单击✓（确定）按钮。

（6）单击刚刚识别的歌词字幕，在"工具栏"面板中单击"编辑"工具。

（7）接着单击"字体"/"创意"工具，选择合适的字体效果。

（8）单击"样式"/"文本"工具，接着单击取消花字工具，设置"字号"为5。

7.5 在"剪映"App中使用"文字模板"

本例在"剪映"App中使用"文字模板"创建文字并制作文字动画，添加合适的音频，制作出具有综艺感的视频效果。

（1）将冲浪视频素材文件导入"剪映"中。在"工具栏"面板中单击"文字"工具。

（2）将时间线滑动至起始时间位置处，在"工具栏"面板中单击"文字模板"。

（3）在"文字模板"面板中选择合适的文字模板。

（4）接着在"文字栏"中修改合适的文字内容。

（5）选择刚刚添加的文字模板，设置结束时间为1秒19帧。

（6）将时间线滑动至2秒09帧位置处，在"工具栏"面板中单击"文字模板"工具。

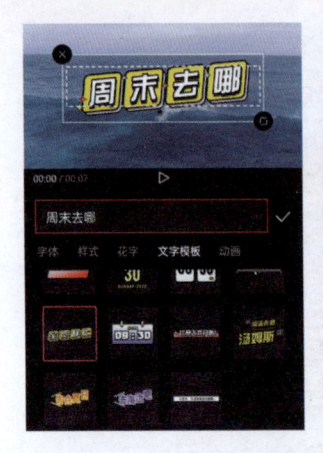

（7）在弹出的"文字模板"中单击"综艺感"工具，选择合适的文字模板。

（8）接着在"文字栏"中修改合适的文字内容。

（9）选择刚刚添加的文字模板，在播放面板中移动至合适的位置。接着设置结束时间为4秒05帧。

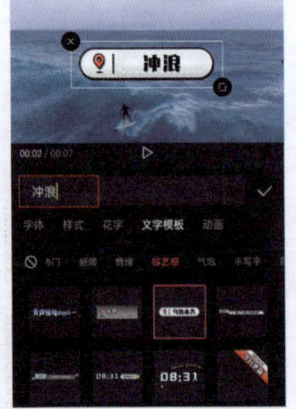

（10）将时间线滑动至6秒04帧位置处，在"工具栏"面板中单击"文字模板"工具。

（11）在弹出的"文字模板"中单击"综艺感"工具，选择合适的文字模板。

（12）选择刚刚添加的文字模板，在播放面板中移动至合适的位置。接着设置结束时间与视频结束时间相同。

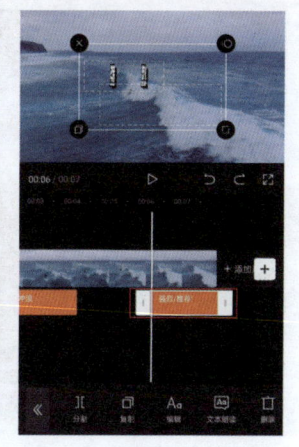

第 7 章 短视频文案的排版与美化技巧 101

（13）将时间线滑动至起始时间位置处，在"工具栏"面板中单击"音频"/"音乐"工具。

（14）接着单击"旅行"工具，在"旅行"面板中选择合适的音频文件，单击"使用"按钮。最后剪辑并删除音频的后半部分，让音频与视频时长一致。

7.6 在"剪映"App 中创建文字动画效果

本案例使用"文字"工具创建文字，并设置竖排文字效果。制作文字科技效果，使用"音频"工具为视频添加音乐，如图所示。

（1）将01.mp4素材文件导入"剪映"中。在"工具栏"面板中单击"文字"工具。

（2）将时间线滑动至起始时间位置处，接着单击"新建文本"工具，在弹出的面板中输入合适的文字内容。单击"字体"/"创意"工具，选择合适的文字字体。

（3）单击"样式"工具，选择合适的文字样式。单击"文本"工具，设置"字号"为30。

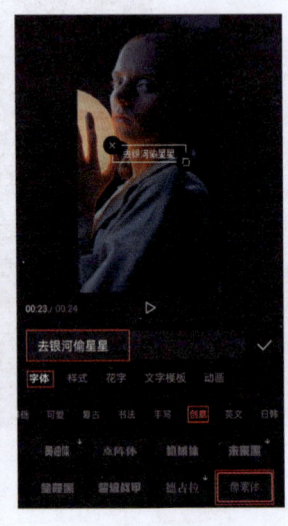

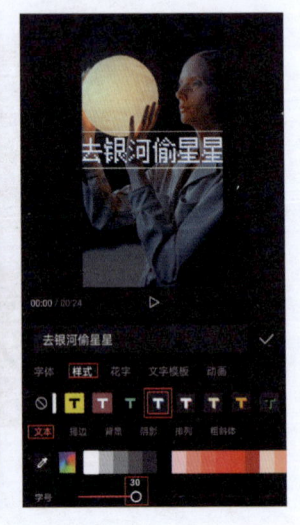

（4）接着单击"排列"工具，选择竖排排列效果。

（5）接着单击"粗斜体"工具，选择下画线效果。

（6）单击"动画"按钮，单击"入场"/"故障"动画。

第7章 短视频文案的排版与美化技巧 103

（7）单击"出场"动画工具，选择"故障打字机"动画。

（8）设置文字轨道的结束时间与视频结束时间相同。

（9）将时间线滑动至起始时间位置处，在"工具栏"面板中单击"音频"/"音乐"工具。

（10）在弹出的"添加音乐"面板中单击"动感"工具，在"动感"面板中选择合适的音频文件。接着单击"使用"按钮，并设置音频文件与视频文件结束时间相同。

第 8 章
短视频文案的测试与优化

本章内容简介

本章着重介绍了如何通过 A/B 测试和优化技巧来提升短视频文案的效果。首先,解释了 A/B 测试的概念,以及如何利用这种测试方法来确定最佳文案。通过案例分析,阐述了 A/B 测试的重要性和实际应用。接着,提供了文案优化的技巧,以及通过对失败和优秀文案的比较,学习如何进行文案测试和优化,提高短视频文案的效果和吸引力。

重点知识掌握

- 短视频文案的 A/B 测试。
- 短视频文案优化技巧。

8.1 A/B 测试：锁定优质文案

在设计文案时，如果不确定哪个文案更容易收获流量，那么可以进行 A/B 测试，从而使文案创作更有意义。

8.1.1 A/B 测试概述

A/B 测试是一种常用的文案优化方法，通过对比不同版本的文案，寻找最优方案和策略。

A/B 测试的流程一般包括以下几个步骤。

1. 设计测试方案和目标

在进行 A/B 测试之前，需要先制定测试方案和目标。在这个过程中，需要明确想要优化的文案部分，如标题、描述、正文等，同时也需要定义测试的变量和指标，如受众反应、点击率、转化率等。

2. 分别实施两个版本的文案

在 A/B 测试中，需要分别实施两个版本的文案。这两个版本的文案在测试的变量上应该有所不同。例如，在标题、描述、正文等方面采用不同的表达方式、词汇等。同时，在实施过程中需要确保两个版本的文案都能够随机展示给受众。

3. 收集数据和反馈

在两个版本的文案都实施完毕之后，需要对数据和反馈进行收集。可以采用在线调查、用户行为数据分析等方法来收集受众的反应和行为数据。这些数据和反馈可以包括点击率、转化率、互动次数等，也可以通过用户调查等方式获取受众的意见和反馈。

4. 分析数据和效果，选择最优方案

在收集完数据和反馈之后，需要进行数据分析和效果评估，从而选择最优的方案。可以采用数据分析工具、实验统计方法等来对比两个版本的文案在测试指标上的差异，并确定哪个版本更符合预期的优化目标。根据分析结果，可以选择最优方案，也可以根据需要进行进一步优化和改进。

8.1.2 A/B 测试案例分析

案例 1

× 旅游推广抖音账号想要提高短视频的点击率和互动次数，于是设计

了两个版本的文案进行 A/B 测试。

测试组 A 的文案标题为："跟着我，发现这座城市的美丽秘密！"

测试组 B 的文案标题为："一个人，一座城，一场独特的旅行体验！"

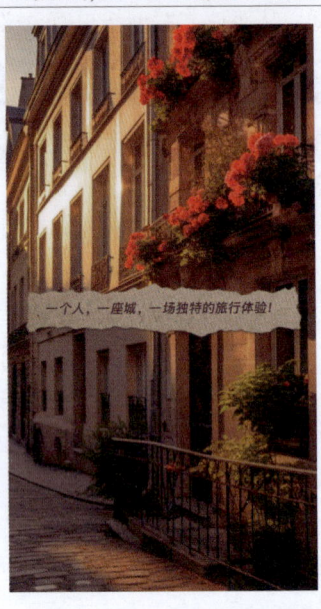

两个版本的文案分别针对不同的受众需求，测试组 A 更注重情感共鸣，而测试组 B 则更强调个人旅行体验。在测试过程中，两个版本的文案都会随机展示给受众。

经过数据收集和分析，发现测试组 A 的点击率比测试组 B 高出 8%，互动次数也有明显提升。因此，可以得出结论，更具情感共鸣的文案更能吸引受众的注意力，从而提高点击率和互动次数。

案例 2

一家健身房的短视频账号想要提高会员卡销售转化率，设计了两个版本的文案进行 A/B 测试。

测试组 A 的文案描述为："健身，从现在开始。加入我们，一起实现健康生活！"

测试组 B 的文案描述为："限时优惠！会员卡立享 8 折优惠，更多专属福利等！你！来！"

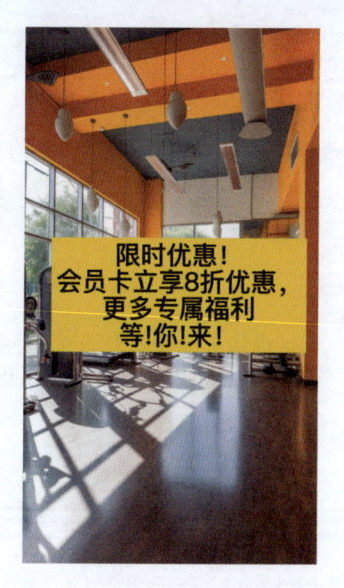

测试组 A 的文案更强调健康生活理念，而测试组 B 则着重展示优惠信息。在测试过程中，两个版本的文案都会随机展示给受众。

经过数据收集和分析，发现测试组 B 的会员卡销售转化率比测试组 A 高出 12%。这说明，面对健身房会员卡的受众，更关注优惠和实惠的文案能够更有效地提高会员卡销售转化率。

8.2　文案优化技巧

文案优化是一个不断迭代和完善的过程，需要不断收集数据和反馈，并根据数据进行优化和调整。数据分析可以从多个维度进行，如浏览量、转化率、互动指标等。

8.2.1　标题优化

标题是文案的重要组成部分，标题优化可以提高文案的吸引力和关注度。标题优化需要注意以下几点技巧。

- 简短明了：标题要简短明了，避免太过冗长或拖沓。
- 突出重点：突出核心信息和卖点，让受众一目了然。
- 利用情感：采用情感词汇和元素，让受众产生共鸣和情感体验。
- 采用数字：在标题中使用数字，可以增强可读性和记忆印象。

案例1		
优化前	×××品牌新品上市啦	
优化后	想要这个美妆网红必备的神器吗？今天它来了	
优化前 VS 优化后	优化后的标题更加吸引人，用情感词汇增强了标题的感染力，突出了核心信息和卖点	

案例2		
优化前	超级无敌好用的×××产品	
优化后	不只是好用，这个产品还能带给你美丽的改变	
优化前 VS 优化后	优化后的标题也更具吸引力，通过增加描述，使受众更容易了解产品的特点和优势	

8.2.2 描述优化

描述是文案的重要补充，可以进一步介绍产品的特点和优势。描述优化需要注意以下几点技巧。

- 突出卖点：在描述中突出产品的核心卖点和优势。
- 利用情感：使用情感元素和词汇，增强受众的情感共鸣和体验。
- 分段落：采用分段落的方式，使描述更加清晰明了，易于阅读。
- 避免废话：避免使用废话和重复的内容，保持简洁明了。

案例 1

优化前	这个产品非常好，用起来很舒服
优化后	即刻享受水润细腻，肌肤焕若新生
优化前 VS 优化后	优化后的描述更加生动形象，采用情感元素和词汇，增强了受众的情感体验和共鸣

案例 2

优化前	这个产品有很多好处，对皮肤很有帮助
优化后	不仅能够抗皱，更能够提亮肤色。成就你美丽肌肤的秘诀
优化前 VS 优化后	优化后的描述突出了产品的核心卖点和优势，采用分段落的方式使描述更加清晰明了，易于阅读

8.2.3 正文优化

正文是文案的重要部分，需要通过优化来提高受众的参与度和转化率。优化正文需要注意以下几点技巧。

- 突出核心：在正文中突出产品的核心特点和卖点，让受众产生共鸣和兴趣。
- 利用情感：通过情感元素和词汇，增强受众的情感体验和参与度。
- 采用互动方式：通过提问、评论等方式，促进受众的互动和参与度。
- 分段落：采用分段落的方式，使正文更加清晰明了，易于阅读。

案例 1

优化前	这个产品真的非常好，赶快买吧
优化后	每一次使用都能感受到肌肤变得更加水嫩，真正做到了改善肌肤的效果
优化前 VS 优化后	优化后的正文突出了产品的核心特点和卖点，采用情感元素和词汇增强了情感体验和参与度，同时采用互动方式促进受众的参与度

案例 2

优化前	这个产品很不错，可以试试看
优化后	只要你用一次，就能感受到它的惊艳效果，一定会成为你的必备之选
优化前 VS 优化后	优化后的正文突出了产品的惊艳效果和优势，采用情感元素和词汇增强了受众的情感共鸣和体验，同时采用分段落的方式，使正文内容更加清晰明了，易于阅读

8.2.4 互动交流优化

互动交流是文案传播的重要环节，通过互动交流优化，可以提高受众的参与度和传播效果。互动交流优化需要注意以下几点技巧。

- 及时回复：在互动交流中及时回复受众的评论和问题，增强互动效果和受众体验。
- 利用标签：通过添加标签和话题，增强文案的可搜索性和流量吸引力。
- 鼓励分享：通过鼓励受众分享和转发，扩大文案的传播范围和影响力。
- 采用互动方式：通过提问、调查等方式，促进受众的互动和参与度。

案例 1		
优化前	感谢你的支持	
优化后	感谢你的支持！如果你有任何问题，欢迎在评论区留言，我会及时回复哦	
优化前 VS 优化后	优化后，在互动交流中及时回复受众的评论和问题，增强了互动效果和受众体验，同时采用标签和话题增强了文案的可搜索性和流量吸引力	

案例 2		
优化前	我是一名抖音博主，欢迎关注我	
优化后	欢迎观看我的视频！如果你喜欢我的视频，请别忘了分享给更多的朋友哦	
优化前 VS 优化后	优化后通过鼓励受众分享和转发，扩大了文案的传播范围和影响力，同时采用互动方式促进受众的参与度	

8.3 把 5 种"不完善的文案"，改为"优秀的文案"

已经写好的文案，如何变得更优秀呢？本节将通过几个案例，讲解把"不完整的文案"如何修改为"优秀的文案"，并给出"问题剖析"和"修改思路"。

8.3.1 不完善 VS 优秀的"洗发水短视频"文案

本短视频以洗发水宣传为主要内容。本产品具有洗发、护发和香氛三合一的特性，文案需围绕这一特性展开编写。

不完善的文案	
文案	我们的这款全新的××牌洗发水,它真的非常好用,它可以洗发、护发,还能让你的头发闻起来很香,它真的是一款值得购买的洗发水
问题剖析	语句啰唆,没有直接点明产品的核心卖点
	缺乏视觉和情感上的吸引力,没有创造出紧迫感或渴望购买的欲望
	缺乏针对性,没有明确指出该洗发水适用于何种人群

优秀的文案	
常规文案	××洗发水——让秀发恢复生机!一瓶搞定洗、护、香,轻松打造自然丝滑,散发迷人香氛。立即购买,体验秀发焕新之旅
精简文案	洗、护、香,一瓶搞定,轻松获得丝滑秀发!立即购买,焕新体验
修改思路	简洁明了,直接突出产品的核心卖点(洗、护、香三合一)
	强调产品效果,创造出紧迫感和购买欲望(轻松打造自然丝滑,散发迷人香氛)
	添加行动召唤,引导用户立即购买和体验产品(立即购买,体验秀发焕新之旅)

8.3.2 不完善 VS 优秀的"健身类短视频"文案

本短视频主要内容是关于在家健身的简单方法和快速效果。视频将向观众展示如何在家进行健身,并在短时间内能看到成果。

不完善的文案	
文案	大家好,这是我们的一个关于健身的短视频,希望你们喜欢。我们将告诉你如何在家健身,你可以学习一些简单的方法,也可以在短时间内看到效果,所以请关注我们的短视频,希望你们喜欢
问题剖析	开头过于平淡,缺乏吸引力
	内容表述不清晰,没有明确呈现短视频的主题和亮点
	缺乏行动召唤,没有引导用户关注或互动

	优秀的文案
常规文案	告别健身房！超简易家庭锻炼秘笈！点亮你的全新健康生活，见证瞬间成果！立即关注，解锁无限动力
精简文案	告别健身房！简易家庭锻炼，速效成果！关注解锁动力
修改思路	突出短视频的主题（告别健身房，家庭锻炼秘笈）和亮点（简单、快速见效）
	添加行动召唤，引导用户关注并解锁更多内容（立即关注，解锁无限动力）

8.3.3 不完善 VS 优秀的"美食类短视频"文案

本短视频主要内容是关于制作美味披萨的过程。视频将详细介绍所需食材和步骤。

	不完善的文案
文案	嗨，大家好，我们在这个视频中将会给你们展示一个制作美味披萨的过程。我们将详细介绍所需食材和步骤。如果你们喜欢，请观看我们的视频，学习如何在家制作美味的披萨
问题剖析	开头缺乏吸引力，无法立刻抓住观众的注意力
	内容描绘平淡，没有突出视频的亮点和教程的价值
	结尾没有明确的行动召唤，无法引导观众参与和互动

	优秀的文案
常规文案	轻松搞定大师级家庭披萨！跟着我，一步步打造终极美味披萨！快来学习，在家也能大展厨艺
精简文案	家庭披萨大师！跟着教程，轻松烹制美味披萨
修改思路	突出视频的主题（家庭披萨制作）和亮点（轻松搞定，终极美味披萨）
	添加行动召唤，引导用户学习并实践（快来学习，在家也能大展厨艺）

8.3.4 不完善 VS 优秀的"化妆类短视频"文案

本短视频主要内容是讲授如何化妆,并且展示适合日常生活和约会的妆容。

不完善的文案	
文案	大家好,这个视频我们要教大家如何化妆,这个妆容适合日常生活和约会,如果你想学习,请继续观看
问题剖析	开头缺乏吸引力,无法立刻吸引观众的注意力
	内容描绘平淡,没有突出视频的亮点和教程的价值
	结尾没有明确的行动召唤,无法引导观众参与和互动

优秀的文案	
常规文案	惊艳时刻,由此揭开!掌握日常约会妆容的 N 个小技巧,成为万众瞩目的焦点!快来一起学习,让美丽瞬间绽放
精简文案	惊艳时刻揭开!学会日常约会妆,美丽瞬间绽放
修改思路	突出视频的主题(日常约会妆容)和亮点(成为万众瞩目的焦点)
	添加行动召唤,引导用户学习并实践(快来一起学习,让美丽瞬间绽放)

8.3.5 不完善 VS 优秀的"多肉植物种植短视频"文案

本短视频主要内容是讲解如何种植多肉植物,视频将逐步指导观众如何选择适合的种植容器、土壤和养护方法。

不完善的文案	
文案	在这个视频中,我们将教大家如何种植多肉植物。我们会一步步教你如何选择合适的种植容器、土壤和养护方法
问题剖析	开头过于平常,缺乏引人入胜的因素
	内容过于简单,没有凸显视频的重要性和实用性
	结尾没有鼓励用户关注和参与的具体要求

	优秀的文案
常规文案	绿意盎然,生活不凡!一起探索多肉植物种植的奥秘,让小小绿植滋养你的心灵!马上加入我们,开启植物种植之旅
精简文案	绿意生活,探索多肉奥秘!动动手指,开启"肉肉"之旅
修改思路	突出视频的主题(多肉植物种植)和重要性(让小小绿植滋养心灵)
	添加行动召唤,引导用户关注并加入植物种植之旅(马上加入我们,开启植物种植之旅)

第3篇
直播带货文案与短视频运营篇

第 9 章

撰写直播带货文案

本章内容简介

本章主要学习如何撰写直播带货文案。直播带货文案在当前电商环境中扮演着举足轻重的角色。文案需要具备吸引人的语言风格、清晰明了的表达和针对观众需求的内容。通过精心设计和调整文案,可以有效地引导观众进行购买行为,提高直播带货的销售效果。

本章撰写了 9 种直播带货文案。

重点知识掌握

- 了解直播带货文案的基础知识。
- 熟悉直播带货各部分文案的写作思路。

9.1 认识直播带货文案

直播带货文案是指在直播带货过程中使用的文字内容,通常是在直播过程中由主播或销售人员口头或文字形式提供的推广文案,旨在吸引观众的兴趣、引导购买行为,并促进产品销售。

9.1.1 直播带货文案的主要内容

直播带货文案可以包括以下内容。

- 产品介绍

详细描述产品的特点、功能和优势,向观众介绍产品的价值和用途。

- 促销信息

包括限时折扣、优惠活动、赠品等促销信息,以吸引观众的购买兴趣和决策。

- 产品展示

通过文字描述或图片展示产品的外观、规格和包装,让观众更好地了解产品的细节。

- 用户证明

引用用户的好评、评价或使用体验,增加观众对产品的信心和购买动力。

- 购买方式

提供购买链接、二维码或指导观众如何购买产品的详细步骤,方便观众进行购买。

- 互动引导

通过提问、留言互动等方式,引导观众参与讨论并表示购买意愿。

9.1.2 直播带货文案的写作技巧

出色的直播带货文案不仅能够吸引观众观看直播,还能有效地提高销售转化率。需要注意的是,销售过程中并不只是一味地赞美产品,更多的是要围绕以下几点展开:你需要、你喜欢、价格便宜和现在购买最划算。

以下是一些编写直播带货文案的实用技巧。

- 引起观众的兴趣

使用吸引人的开场语句,让观众对直播产生兴趣。可以使用引人入胜的故事、情感词汇或引发好奇心的问题,吸引观众留意直播内容。

- **突出产品的特点和优势**

详细描述产品的特点、功能和优势，让观众了解产品的价值和独特之处。强调产品的质量、效果、实用性等，让观众感受到购买的价值。

- **制造购买动机**

通过强调产品的限量、热销或优惠活动，制造购买的紧迫感和动力。提醒观众"库存有限"或"特价活动"即将结束，促使他们尽快下单购买。

- **提供社会证明**

引用用户的好评、评价或使用案例，增加观众对产品的信心和购买意愿。让观众看到其他用户对产品的认可和满意度，提高他们的信任度。

- **清晰的购买引导**

提供明确的购买方式和操作步骤，如购买链接、二维码或指导观众如何进行购买。确保观众可以方便地找到和购买产品，避免购买的障碍。

- **互动和参与**

通过提问观众的问题、引导留言互动或答疑解惑，增加观众的参与感和互动性。回答观众的疑问和关注点，促进与观众的交流，加强购买意愿。

- **简洁明了**

文案要简洁明了，避免过于冗长的句子和复杂的词汇。使用简单、易懂的语言，让观众能够快速理解和接受文案内容。

在编写直播带货文案时，要根据目标观众的特点和喜好，精心选择合适的语言风格和表达方式。不断优化和调整文案，根据观众的反馈和效果进行改进，提高直播带货文案的吸引力和效果。

9.2~9.10 节是 9 种直播带货文案的撰写。

9.2 直播带货"暖场"的文案

刚开播阶段，主播要迅速拉近与观众的距离。多互动、多聊天，避免冷场。尽量把第一波进入直播间的观众稳住。

1. 点名（直呼其名，直接与粉丝对话，拉近距离）

例 1	"哈喽，欢迎新进直播间的××宝宝。"
例 2	"××宝宝，欢迎你来到我的直播间，喜欢主播的点个关注哦！"

2.找话题（像朋友聊天一样找共同话题，直播间如果观众回复，即可轻松展开互动）

例 1	"有没有像我一样皮肤偏黄的宝宝，穿衣不好搭配？"
例 2	"我给宝宝们挑选的裙子，黄皮肤的宝宝穿上超美，很显白。"

3.福利预告（目的是留住人气）

例 1	"欢迎××进入直播间，新进来的宝宝不要走哈，马上发福利啦。"
例 2	"来来来，5分钟后我们直播间会给大家一个力度超大的优惠活动，千万别走！"
例 3	"宝宝们，9点半我们有发红包的活动，10点半我们有5元秒杀活动！"
例 4	"感谢来到直播间的粉丝们，我直播时间是每天晚上8—11点，今天会有超多福利哦！千万不要走开哦！"

9.3 直播带货介绍"产品"的文案

开播前主播一定要提前做好功课，深入了解每款产品的属性、适用人群、产品特点、产品背景等，甚至要提前准备好产品关联的故事，更容易获得观众的认同感。介绍产品时，可以从以下不同角度展开。

1.产品的故事、我与产品的故事

例 1	"这款香水的味道，是我在旅行中闻到的，让我感到非常舒适和放松，现在分享给大家。"
例 2	"我小时候的最爱就是这种味道，每次吃到就像回到了童年。"
例 3	"我亲自试用过这款产品，真的很棒，所以非常高兴地推荐给大家。"

2.价格确实便宜

例 1	"我是从厂家直接拿货的，没有中间商赚差价。"
例 2	"这个产品，我们比别人便宜10元钱，我自己补贴给大家。"
例 3	"这个产品的优惠力度真的非常大，之前我在别的平台上看到的价格都比我们高不少呢！"
例 4	"我们今天的价格是厂家给我们的最低价，千载难逢的机会，大家千万别错过了。"

3. 现场试用、试吃

例1	"这款甜点,真的非常甜蜜可口,大家可以看到,我已经吃了好几口了。"
例2	"这个口红我就直接在直播间用了,大家可以看到效果非常好。"
例3	"大家看,这个护肤品涂在手上,效果非常明显,真的可以改善肤质。"

4. 增加信任感

例1	"大家可以看一下这款口红的销售截图,大家对它的评价都很好。"
例2	"我自己也用了这个面膜,效果非常明显,肌肤变得更加光滑、细腻。"
例3	"我们的售后服务非常好,如果有任何问题,可以随时联系我们。"

套用以上的思路,为×款饼干产品撰写产品介绍文案。

大家有没有吃过这款饼干呀?我小时候每次去超市都会买,真的是我的最爱!你们看,我现在咬一口大家听一下,口感很香脆,一口咬下去就可以感受到饱满奶香的味道。今天特别便宜,这是超市价,我们直播间比市场价便宜了好几元钱呢,还赠送试吃小零食。这是×个平台的销量截图和评价截图,好不好大家说了算。想吃吗,赶紧下单吧!

文案拆解	
1. 产品与我的故事	大家有没有吃过这款饼干呀?我小时候每次去超市都会买,真的是我的最爱
2. 价格确实便宜	今天特别便宜,这是超市价,我们直播间比市场价便宜了好几元钱呢,还赠送试吃小零食
3. 现场试吃	你们看,我现在咬一口大家听一下,口感很香脆,一口咬下去就可以感受到饱满奶香的味道
4. 增加信任感	这是×平台的销量截图和评价截图,好不好大家说了算。想吃吗,赶紧下单吧

9.4 直播带货介绍"福利品"的文案

"福利品"是指免费赠送或价格低于观众认知水平的商品,此类商品能促进密集成交,也就是短时间内的高成交量,带动直播间人气。"福利品"

让观众在直播间有更长的停留时间,才有可能增加涨粉、加粉丝团、增加互动的概率。

例1	"新来的小伙伴们,回复1领取我为你们准备的神秘小礼物吧,超级实用哦!"
例2	"观众朋友们,今天我们为您准备了超值福利,只要购买我的主推产品,就可以获得一份免费的小礼品哦!"
例3	"哎呀,我看到直播间里这么多可爱的小宝贝,我要大方一下。前10位下单的小可爱,每人都可以免费获得一份惊喜小礼物哦!"
例4	"听说很多宝宝都在期待我要送的福利?好的,那我就不再吊大家胃口了。今天我们为大家送出一份超实用的小礼物,只要您在直播间内购买任意一款商品,就可以获得哦!"
例5	"想要获得这份神秘的小礼物,只需要在直播间内与我互动留言,获得互动奖励后就可以获得哦!礼品数量有限,快来和我互动吧!"

9.5 直播带货介绍"销量品"的文案

"销量品"是指利润较少但是销量很大的商品。此类商品可带动直播间整体成交量,是"福利品"之后要介绍的商品。"销量品"的利润少一点儿,观众会发现你卖的比其他直播间便宜,你就比其他直播间有优势,自然可以留住更多的人。

例1	"大家看到这款商品,都会想起它的热销程度吧!"
例2	"这款商品我前几天直播的时候,成交量就已经很高了,今天又来了!"
例3	"这款商品是我的心头好,虽然利润不是很高,但是每次都卖得很快。"
例4	"我最近看到很多人都在买这个,想必大家对这个商品的口碑已经很了解了吧。"
例5	"这款商品是直播间的明星产品,上次没拍到的小伙伴,它又来了!"

9.6 直播带货介绍"利润品"的文案

"利润品"是指价格相对不实惠、高利润的商品。新直播间不要急着上这种商品,否则会影响人气。通过"福利品""销量品"拉动密集成交,引入更多自然流量，然后再带动"利润品"成交。

例1	"这款商品虽然价格比较高，但是它的品质和使用效果都是相当不错的，绝对值得你购买。"
例2	"这是我特地为大家准备的高品质商品，物有所值。"
例3	"这款商品是我们店铺的精品，它的销量和口碑非常不错。"

9.7 直播带货"发福利"的文案

主播热情一点儿，活跃气氛，营造一种抢到就赚到的氛围。

例1	"感谢大家来到直播间，作为回馈，我为大家提供一个特别优惠，只需在本场直播内购买，即可获得限时优惠。快来抢购吧！"
例2	"人气上来了啊，大家可以点一下左上角的'福袋'，领取福袋，一会儿开奖。"
例3	"话不多说，我们先来抽奖！"
例4	"'福袋'已经开启了，大家赶紧去点击'福袋'抽奖吧！"
例5	"现在我准备上链接了，然后立刻抽1个免单，准备好了吗？"

9.8 直播带货"观众互动"的文案

直播互动话术需要主动引导观众进行互动，增加直播热度。

1. 提问式互动

例1	"这款绿色连衣裙搭配白色高跟鞋好看吗？还是配上金色凉鞋好看？"
例2	"这款护肤品有谁还没抢到吗？"

2. 选择式互动

例1	"想看主播试用粉色口红的刷1，红色口红的刷2。"

3. 刷屏式互动（活跃气氛）

例1	"跟我一样流口水的宝贝刷1。"
例2	"看到这个产品，我已经心动了，大家一起来刷个'我也想要'！"

4. 抢购的话术（制造产品抢不到的氛围）

例 1	"后台看一下，还能不能多上几单？"
例 2	"有很多朋友没抢到啊，想要的刷 1，我看看还有多少人想要？"

9.9 直播带货"直播间留人"的文案

直播带货时，抖音推荐系统会自动将直播间推送给相关的用户，而这些用户就会随机刷到并进入你的直播间。

很多人都说，我的直播间人太少了，怎么才能让系统多给我推荐些人进来。其实对于新手直播间，首先考虑的是如何把这部分人留在直播间，而不是急于去挖掘更多的人进入直播间。留住了这部分人，系统就会认定为你的直播内容优质、观众喜欢看，就会给你的直播间推送更多流量。其次，想要留住观众，要在活动安排与话术使用上下功夫。下面以销售玩具的直播间为例进行分析。

话 术	分 析
欢迎来到我的直播间，今天我们要送出一份超级福利！所有新来的朋友都可以获得一份神秘礼物，只需要在评论区回复"1"，我就会发给你们哦	通过送福利吸引观众互动，增强直播间热度
现在我们要进行一个抢红包活动，准备好了吗？点开抢红包链接，获一等奖就有惊喜	利用抢红包活动吸引观众，增强直播间热度
谁说只有观众才有福利？现在所有购买我的3D立体磁力积木的朋友，我都将赠送一份神秘礼物	提供购买礼品的附加福利，让观众感到实惠
感谢大家的关注和支持，我将在直播间中抽取一位粉丝，送出一份豪华大礼	通过抽奖活动吸引观众，增强直播间热度
现在我要介绍的是我的主打产品——3D立体磁力积木。这款积木是由环保材料制成的，富有创意，可供儿童和成人一起玩乐	介绍产品的特点，吸引观众对产品的兴趣
现在，只要在我的直播间中购买3D立体磁力积木，你就可以享受到直播间限定价，超值优惠，立减50元，再加上免费配送，赶快下单吧	让观众知道在直播间购买可以获得实惠的优惠价和配送服务

续表

话　术	分　析
这款 3D 立体磁力积木拼出的东西，真的很有趣哦，不信你看我现场拼一下	通过现场演示，让观众更加了解产品，增强观众的购买欲望
如果你现在在我的直播间中购买 3D 立体磁力积木，我会再额外送你一份磁力积木	展示与福利品重度关联的产品，获得了福利品的观众自然会考虑主销产品

9.10　直播带货"促单"的文案

"促单"文案是在直播带货过程中使用的一种营销文案，旨在促使观众进行购买。常以强调产品的限量或热销程度，可以在观众中创建紧迫感，以促使他们尽快下单，避免错过购买的机会。

例 1	"最后 1 分钟，手慢无"
例 2	"刚才产品秒没，后台还能上 10 单吗"
例 3	"3——2——1，上链接，后台还剩几单？还剩 20 单"
例 4	"现在抢购，直播间专属优惠，第 1 单享受半价！"
例 5	"现在购买，直接送你运费险"
例 6	"大家看一下这个数据，销量突破了 900 件了！到 1000 单就不卖了"
例 7	"库存不多，想要的抓紧时间哦！"
例 8	"库存不多，准备上链接，5——4——3——2——1"

第 10 章
掌握短视频策划与运营，让文案更精准

本章内容简介

本章主要介绍短视频运营的基础知识，以及提升短视频热门度的要素。此外，本章还将分享短视频策划与运营技巧。通过本章的学习，读者将能够掌握短视频的策划与运营技巧，以提升短视频的影响力。

重点知识掌握

- 短视频运营的基础知识。
- 热门短视频的要素。
- 短视频策划与运营技巧。

10.1 短视频运营的5个基础知识

抖音作为当下最火的短视频平台之一,吸引了众多的用户和创作者。然而,仅仅在抖音上发布视频并不能保证你的视频能够获得足够的关注和认可。要想成为一名抖音达人,你需要了解短视频的运营知识,并运用这些知识来提高你的视频质量和曝光度,才能获得更多的点赞和粉丝,让你的账号得到更好的发展和盈利。因此,熟悉抖音短视频的运营知识,对于想在抖音上成为成功的创作者来说,是非常重要的一环。

10.1.1 新手账号如何起名

账号的名字就像是人的形象,是一个标签或一种符号。想要让人们记住,首先要让人们熟悉。让人们通过名字就能了解账号的类型,甚至猜到创作者的某些特征。

```
功能/品牌/赛道+名字                      城市+行业+名字
                  ┌─────────────┐
                  │ 新手账号如何起名 │
                  └─────────────┘
权威型                                  有趣的账号名字
```

切记!给账号起名尽量不要带有生僻字、标点符号、贴图等,否则用户搜索起来会比较困难。下面列举几种实用简单的账号起名形式。

方法1 功能/品牌/赛道+名字

名 称	命名方式
美妆小玲	美妆+可爱人名/昵称
摄影大师Q	摄影+个性代号/字母
游戏小泽	游戏+简短人名
健身老孙	健身+昵称

方法2 权威型

名 称	命名方式
财经名嘴之声	形象描述+行业
宠物王国大揭秘	形象描述+领域
茶道叙事人	简洁+底蕴
金融界权威声音	行业描述+领域

方法3　城市+行业+名字（适用于需要本地流量转化变现的情况）

名　称	命名方式
广州汽修大师张伟	地名+行业+简短人名
上海创意设计师刘峰	地名+行业+简短人名
山东美食探店王小馋	地名+行业+有趣昵称

方法4　有趣的账号名字，吸引有兴趣的人关注

名　称	命名方式
爆笑段子手阿笑	幽默名字+领域
听说你喜欢吃辣条	有趣问候语+美食
喵星球的小姐姐	动物形象+可爱称呼
奇趣科技好奇君	技术+有趣人名

10.1.2　确定账号的目标人群

在拍摄短视频前，首要任务就是确定目标受众。无论是为了纯粹分享生活，还是想在抖音上获得更多的粉丝和成功，都需要根据受众特点制作内容。因此，你需要分析你想吸引的人群，包括他们的年龄、性别、地理位置、兴趣爱好和消费习惯等方面的信息。只有了解受众的需求，才能制作出他们感兴趣、有价值的短视频内容。

当你确定了目标受众后，就可以开始创作短视频了。但是，如果想在抖音上获得成功，还需要具备一些运营方面的知识和技巧。例如，制作高质量的视频、使用流行的音乐、合理设置标题和标签等。另外，也需要不断学习和实践，提升自己的运营能力，吸引更多的粉丝并获得更多的成功。

10.1.3　分析目标人群需求，精准输出作品

在抖音上创作短视频时，建议创作者要专注于"垂直"领域，即为特定群体提供特定服务。通过垂直定位特定领域的账号，可以让账号在海量的流量池中快速捕捉到目标粉丝，增加账号的辨识度，从而更容易实现变现。

举个例子，如果你专注于3C数码产品的测评，那么建议你只发布关于3C数码产品的相关内容，而不是发一些与此无关的视频。这样做可以让你的账号更加专业、更加有针对性，从而吸引更多的目标受众。

当你的账号有了一定的粉丝基础后，你可以开始考虑通过一些变现方式实现收益。例如，你可以和相关的品牌合作推广产品，或者利用直播功能进行销售等。通过持续地为特定群体提供有价值的内容，你的垂直账号将会越来越成功，带来越多的收益和认可。

目标人群	偏好内容
家庭主妇群体	家庭教育、衣物收纳、实用妙招、瑜伽、烘焙、美容、花卉
创业者群体	创业经验分享、创业避雷、创业逻辑、创业故事
餐饮经营者群体	同城探店、品牌 IP、餐饮加盟

10.1.4 IP 人设要立好

确定账号目标人群之后，如何打造独特的 IP 人设呢？一个简单的方法是找到自己擅长或者热爱的领域，并围绕该领域创作短视频。例如，如果你喜欢旅游，可以分享旅游攻略、美食、景点等内容，打造一个以旅游为主题的 IP。如果你擅长化妆，可以分享化妆技巧、化妆品推荐等内容，打造一个以美妆为主题的 IP。如果你热爱运动，可以分享运动技巧、健身饮食等内容，打造一个以健身为主题的 IP。

通过找到自己的兴趣爱好或者专业领域，可以打造出与众不同的 IP 人设，并吸引更多的粉丝关注。同时，为了营造更加独特的 IP 人设，创作者还可以加入一些个性化元素，例如，使用特定的配乐、制作特效等。这些个性化元素可以让账号更具有辨识度，吸引更多的粉丝。最终，打造出独特的 IP 人设不仅可以提高账号的曝光度和粉丝黏度，也能够为账号变现提供更多的机会。

1. 高颜值人设

除了靠外貌打动观众，更重要的是在美貌的基础上加上一些特色元素，如偏好的服饰、独特的嗓音、迷人的笑容等。这些特点可以让创作者在众多视频中脱颖而出，吸引更多的粉丝。此外，通过在短视频中展现自己的生活方式、兴趣爱好等方面的特点，可以增强人设的独特性和亲和力。

2. 独特形象人设

对于那些拥有非常特殊的外貌或形象的人来说，他们可以将自己的独特之处作为人设的重要组成部分。这些独特元素可能是长发、胡须等，以这些特征作为代表性形象，会让观众记住你的短视频。但是需要注意的是，要保持这些特征的一致性，不要过于频繁地变换外貌，否则会影响观众的认同感。

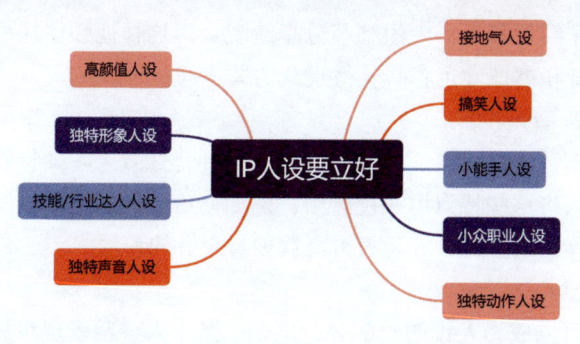

```
         高颜值人设         接地气人设
   独特形象人设                搞笑人设
              IP人设要立好
  技能/行业达人人设             小能手人设
                            小众职业人设
      独特声音人设
                            独特动作人设
```

3. 接地气人设

为了让更多人感受到自己的创作，创作者可以选择使用大众容易接受的人设，将自己打造成"邻家大哥哥"或"亲切姐姐"等平易近人的形象。此类人设需要注重人际交往，语言表达上要接地气，能够体现出自己的亲和力和温暖感，这样才能更好地吸引观众的关注。

4. 搞笑人设

短视频平台上搞笑内容是非常受欢迎的，因此搞笑人设可以让创作者的视频更容易吸引观众。如果你是一个爱开玩笑的人，或者擅长打破尴尬局面，那么制作搞笑视频是一定会吸引很多人的。可以通过模仿、模拟、恶搞等方式来制作搞笑视频，让观众在欣赏的同时也能感受到快乐。

5. 小能手人设

分享实用的小技巧可以吸引大量观众，如家居清洁技巧、DIY制作、美妆技巧、摄影技巧等。这些小技巧常常能解决观众日常生活中的小问题，深得观众喜爱，也容易引起互动。

6. 技能/行业达人人设

当创作者有着特定的职业、技能或爱好时，可以将其作为短视频的主题内容，形成"技能/行业达人人设"。例如，如果一个人是一名厨师，那么可以分享一些烹饪方面的专业知识和技能，像如何做出美味的家常菜等。在制作短视频时，创作者需要确保步骤清晰明了，用具体的数值描述，而不是笼统的词汇，这样可以让观众更加容易学习和跟随。类似的，其他生活中或工作中的技能，如绘画、音乐制作、木工等，都可以作为短视频的主题内容，形成独特的"技能/行业达人人设"。

7. 小众职业人设

如果从事的职业比较小众，或者在行业内有着很独特的工作内容，可以将自己的工作经历和工作中的细节分享给观众。这种视频往往引人入胜,让人感受到新奇和震撼,也容易获得观众的关注和认可。

8. 独特声音人设

如果拥有独特的声音,或者声音具有某种特殊效果,如特别嘶哑、婉转动听等,可以将这些特点用在视频中。例如,可以朗读诗歌、演唱歌曲、讲解科学知识等,这些视频容易吸引喜欢独特声音的粉丝。

9. 独特动作人设

动作也可以成为人设的一部分。例如,某个人经常表现出独特的动作或者表情,这些动作可以成为其品牌形象的一部分。可以在视频中强调这些动作,并用这些动作来表现自己的特点和个性。这些独特的动作可以成为品牌形象的一部分,帮助自己在短视频平台上建立自己的风格。

10.1.5 了解抖音短视频推荐机制

与其他平台不同,在抖音平台发布的短视频不仅会被"粉丝"看到,也会被非粉丝群体看到。也就是说,即使没有粉丝,发布的视频也可能会获得大量的播放、点赞、评论,进而成为"热门"短视频。当然,想要使自己的视频成为"热门",首先就要了解抖音短视频的推荐机制。

抖音短视频的推荐机制:推荐机制、账号标签、用户标签、流量池机制

1. 推荐机制

平台根据用户对视频内容的偏好进行数据分析,并将偏好及类似偏好视频推荐给同样偏好的用户。

2. 用户标签

平台根据用户观看每个视频的时间、播放次数、点赞、留言、关注等数据,贴上标签,以便推荐与之相关的作品到用户的眼前。

3. 账号标签

平台根据创作者上传的视频内容,对其账号的"类别"进行判断和分类,并将其推荐给具有相关喜好的用户。创作者在发布短视频的时候,尽量多发一些"垂直"类的视频，这样账号的标签就会更明确，也更利于平台的推荐。

4. 流量池机制

平台将每个短视频分配到一个具有平均曝光量的初始流量池中。根据视频在初始流量池中的表现数据，平台的算法会判断这条视频是否是优质视频，并将其推送到更大的精准流量池中，进而成为"热门"短视频。下表是抖音流量池机制（数据随时更新变化，仅供参考）。

流量等级	播放量	审核方式
初始流量池	300～500	机器审核
千人流量池	3000～5000	机器审核
万人流量池	10000～20000	人工审核介入
初级流量池	100000～150000	机器审核＋人工审核
中级流量池	400000～600000	机器审核＋人工审核
高级流量池	2000000～3000000	机器审核＋人工审核
热门流量池	7000000～11000000	机器审核＋人工审核
全站推荐	30000000	机器审核＋人工审核

10.2 热门短视频的 5 大要素

短视频成为热门，需要关注完播率、互动率、点赞率、分享率和复播率这 5 大要素。这些指标的增长能提高视频曝光率，促进账号粉丝数量的增加。同时，这些要素也决定了视频所在的流量池层级。只有这些视频要素的数据突破当前层级的基本数据，才能跳入下一个更大的流量池层级。因此，要成为热门，需要在这些指标上做出不断的努力和改善。

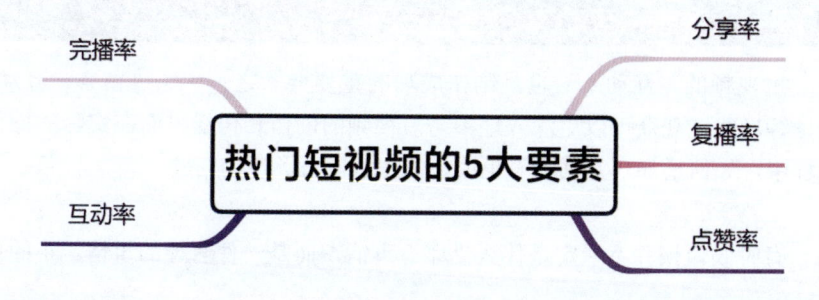

10.2.1 提高"完播率"的小技巧

短视频的播放次数,并不是越多越好,更为重要的是"完播率"。"完播率"是指完整看完整个视频的人数比率。"完播率"越高,越能体现出短视频的创作质量。如果仅仅是观看人次多,但停留时间很短,那么"完播率"非常低,也就说明视频的吸引力并不是很大。

"完播率"越高,被推荐为热门的概率就越大,也就越容易被推荐到较高级的流量池,从而就会获得更多的流量,被推荐给更多人。

1. 明确、独特的标题

短视频的标题应该简洁明了,醒目且独特。如果标题可以在短短的几个字中传达出视频的主题和意义,那么可以让观众更加愿意点开观看。

2. 把握视频开头的"黄金3秒"

在视频开头的前3秒内,你必须能够迅速吸引观众的注意力并引起他们的兴趣。为此,你可以在开头快速介绍视频的主题、问题或者疑问,激起观众的好奇心。

3. 抓住受众需求的"需求点"

了解你的目标观众,找到他们的"需求点",并且在视频中给出可行的解决方案。这样可以让观众在观看短视频时获得实际的价值和信息。

4. 制造争议、打破常规

制造争议或者打破传统的方式可以让你的视频更加吸引人。观众往往会被不寻常或者挑战性的想法所吸引,这可以帮助你制作出更加有趣和有意义的短视频。

5. 视频开头添加"小心思"

在视频开头添加一个有趣或者引人入胜的"小心思"。例如,"这个视频的结尾会有惊喜"或者"最后一个技巧最让人惊叹"。这可以让观众更好地参与到视频中,并且增加观看时长。

10.2.2 提高"互动率"的小技巧

短视频的"互动率"也是制作成功的重要要素之一。通过留言、互动、讨论等形式,观众可以更深入地参与短视频的创作和传播。而在实际的操作过程中,如何增加"互动率"也成了创作者需要关注的问题。

1. 故意口误

有时候口误并不一定是什么"坏"事情,而是一件有趣的事情。小的口误、瑕疵会吸引观众去评论区纠正创作者。

2. 打造有趣的故事情节

故意增加一些有趣的情节，可以吸引观众的注意力，增加评论量。例如，把自己的宠物打扮成人物或者故意与情节撞车等。

3. 短视频中加入小"彩蛋"

在短视频中添加一些"彩蛋"或者"彩蛋"小游戏等，可以激发观众的互动和讨论，提高"互动率"。

4. 回复用户的评论

主动回复观众的评论，可以增加观众的黏性和"互动率"，同时也可以增加评论数。

5. 让观众参与到短视频中来

在短视频中提出一些问题，鼓励观众参与讨论。例如，"你觉得这个场景是在哪里拍摄的？"等。

6. 制造一些冲突和争议

在短视频中制造一些冲突和争议，可以引发观众的热议和评论。例如，针对一些热点话题发表自己的观点等。

7. 增加视觉冲击力

短视频的画面和特效也可以增加"互动率"。例如，增加一些趣味性的滤镜和动画效果等，可以吸引更多的评论和讨论。

10.2.3 提高"点赞率"的小技巧

在短视频中，"点赞率"也是热门指数之一。"点赞率"越高，视频的质量和受欢迎程度也就越高，平台也会给予更多的推荐和流量。下面介绍提高"点赞率"的几种方法。

1. 引发情感共鸣

让视频内容贴近观众生活，让观众能够感同身受，产生共鸣。例如，"当你远离这座城市，你还会想念它吗？"这样的主题更容易引起观众的共鸣，从而提高"点赞率"。

2. 主动引导

在视频中引导观众点赞，增加互动性。例如，"如果你觉得这个视频有用，别忘了点赞哦！"这样可以提醒观众对视频进行点赞操作，增加"点赞率"。

3. 内容干货

提供实用的内容和有用的知识。例如,"如何快速记忆单词?""怎样在短时间内学会剪辑视频?"这样的视频会受到观众的青睐,从而提高"点赞率"。

10.2.4 提高"分享率"的小技巧

视频的分享转发次数越多,被平台推荐给更多人看到的可能性就越大。

1. 主动引导

在视频中引导观众分享。例如,"喜欢的话,记得转发呦""转发超过1000次,下次挑战难度增加"。

2. 提高作品价值

当短视频使观者感受到了有用、有趣或产生情感共鸣时,作品的价值就体现出来了。如果是有价值的内容,观者自然想要主动分享给其他人。

3. 使用热门话题

在短视频中使用当前热门话题,让观众感到跟上了时代潮流,更容易分享和转发。例如,"#2028年有哪些流行趋势?#""#××影视剧讨论#""#五一旅游去哪里#"等。

10.2.5 提高"复播率"的小技巧

视频的重复播放代表着用户对视频内容的认可,平台也会相应地增加此类短视频的推荐力度。

1. 制造悬疑和挑战

在视频中制造悬疑和挑战，让观众不得不多次观看以解决谜团或完成挑战。例如，"只有一个正确的答案，你敢不敢接受挑战？""看完这个视频，你能找到隐藏在画面中的秘密吗？"等。

2. 绝对干货

制作出有价值的干货视频，内容能够解决观众的问题或提供实用的技能或知识。例如，"10分钟学会如何做某件事情""教你如何处理常见问题的技巧""分享经验，教你如何更好地应对某种情况"等。这类视频通常需要多次观看才能掌握全部内容，因此"复播率"也会相应提高。

3. 故事情节引发好奇心

制作视频时，通过设置有趣的故事情节，吸引观众的好奇心。观众会通过重复观看来找到故事情节中的细节和线索。例如，"你见过这样的鱼吗？它身上还有这个东西！""这个神秘地方到底是哪里？"

4. 留下悬念

视频结尾处，可以留下一个悬念，引发观众的好奇心，促使他们再次观看。例如，"下一期视频，我们将会告诉你接下来会发生什么。"

10.3 短视频策划和运营技巧

无论是在哪个平台，作品是图片、音频还是视频，"内容为王"始终都成为"热门"的基础。在此基础上掌握不同平台的特性与使用技巧，才能避免走弯路。

下面是11种短视频策划和运营技巧。

10.3.1 重复的文案，增强视觉冲击

当创作者给每段短视频添加一个统一的仪式感时，能够更加突出视频的符号、标签和风格，从而形成品牌的视觉和听觉符号，帮助观众更好地记忆和辨识。例如，有一个美食博主在每个短视频开始前都会打开烤箱，闻一下烤香的气味，然后开启美食之旅。这个仪式感在每个视频中都有出现，形成了品牌的独特风格，吸引了众多粉丝的追捧。当然封面文字可以使用"重复"的文案，以增强视觉冲击力，形成记忆。

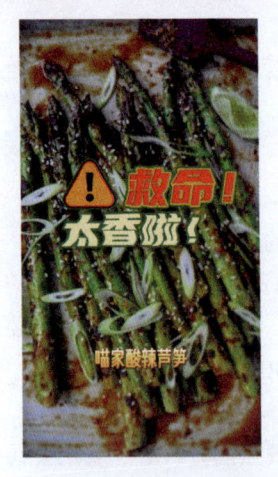

例如，拍摄旅行的短视频。每段视频的前 3 秒都是情侣牵手的镜头，背影＋牵手。

10.3.2 反向文案，视频更容易热门

以技能类为主要展示内容的短视频往往竞争非常激烈，如果实在无法在"实力"上赢过他人，那么不妨巧妙运用"逆向思维"。例如，美食视频想要比厨师做的更好吃、更好看是很难的，但是要把美食做"翻车"可能并不难，而且这样有趣的画面往往能够让熟悉了"常规美食"的观众看得津津有味，笑得前仰后合。

10.3.3 标题文案怎么做更吸引人

一个有吸引力的视频需要不断探索和实验不同的视频包装、风格、封面模式、片头内容、字幕样式及配乐风格。这些元素的统一会提升账号的专业性，并且让用户对账号的印象更加深刻。

视频封面是吸引用户点击观看的重要元素，所以要尽可能让视频封面突出视频的内容并吸引人的注意力。在进入该作者账号后，可以看到该作者其他作品的缩略图。因此，建议同系列视频封面尽量统一，会给人高质量视频的印象。除此之外，视频封面也要尽可能清晰，文字要突出，让用户快速明了视频的大致内容，吸引他们点击观看。

在视觉方面，尝试一分为三，横向一排三段视频也是一种不错的尝试。将一张图像切分为三段，由三张图组成完整图像，比较适合连续的视频剧情。这样的超大画面更具有视觉冲击力，能够吸引用户的眼球并增加观看时长。

10.3.4 视频策划，玩的就是混搭

可以从抖音、快手等各类热门短视频中，把这些热门的要素写下来。试着将多种热点要素相结合，往往可以得到出乎意料的短视频策划方案。下表列举了近期短视频中较为常见的热点要素，可以从中选择多个要素结合到自己的作品中。

热点要素	方言	卡点	美食
	舞蹈	变装	古风
	二次元	搞笑	剧情反转
	颜值	恋爱	第一人称
	唱歌跑调	土味情话	相亲
	话痨	农村	吐槽
	角色扮演	说唱	音乐剪辑

例1："英语教学"赛道

普通英语老师一般都会拍摄英语单词讲解，比较枯燥，很难吸引人持续观看。如果套用我们的公式：英语教学+任选1~3个热点要素组合，就得到以下答案。

英语教学+美食。用边吃边学作为噱头吸引用户前来观看，在枯燥的学习过程中融入品尝美食的轻松氛围，劳逸结合，互动性更强。

除此之外，英语教学+变装、英语教学+说唱、英语教学+舞蹈、英语教学+古风、英语教学+古风+美食、英语教学+古风+舞蹈……一听起来就能够想象到这些短视频都非常有趣。在泛娱乐化的时代，符合观众的喜好，才能更好地存活下去。

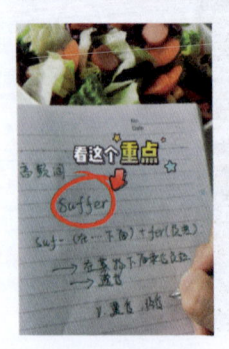

例 2："健身"赛道

"健身+搞笑""健身+音乐剪辑""健身+动漫特效"。

例 3："宠物"赛道

"宠物+颜值""宠物+恋爱""宠物+搞笑+卡点"。

例 4："旅游"赛道

"旅游+方言+吐槽""旅游+美食""旅游+古风+音乐剪辑"。

例 5："手工制作"赛道

"手工制作+搞笑""手工制作+古风+剧情反转""手工制作+音乐剪辑+颜值"。

例 6："时尚穿搭"赛道

"时尚穿搭+舞蹈+相亲""时尚穿搭+话痨""时尚穿搭+搞笑+卡点"。

10.3.5 文案直观展示最终结果

在这个短视频为王的时代，观众往往只会在短暂的一瞬间就决定是否继续观看，尤其是那些以推销产品为目的的短视频。然而，从大量火爆短视频的总结经验中，我们发现一个共同点：那就是在视频开头直接展现最终成果，接着再进行详细阐述。

一款祛痘护肤品抖音短视频，时长为 1 分钟。前 3 秒直接展示出祛痘效果，视频封面设计为痘痘严重和痘痘消失的对比图，并配上文案"28 天，我的痘痘告别了我"。

视频开头直观地展示出产品的祛痘效果，紧接着用不到 1 分钟的时间，讲述自己曾经有痘痘肌肤的困扰和这款祛痘护肤品如何帮助改善肤质，所以，视频更加具有说服力。这样的文案和视频呈现方式能够迅速吸引目标用户的注意力，并展示出产品的实际效果，提高购买意愿。

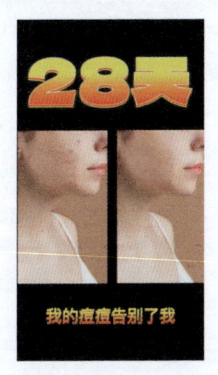

10.3.6 掌握作品发布的"黄金"时间

短视频的发布时间是一个关键的因素,如果不在正确的时间发布,可能会影响短视频的推广和传播效果。因此,为了使短视频的传播效果最大化,需要根据不同类型的短视频作品来选择最佳的发布时间。

除了参考人们的作息时间外,还可以考虑目标用户的年龄、地域、兴趣爱好等因素。例如,针对年轻人的短视频,最好在晚上和周末发布,因为他们通常在这些时间段才有更多的空闲时间观看短视频。而针对职场人士的短视频,则最好在午休或下班后发布,因为这是他们比较容易使用短视频 App 的时间段。

同时,短视频的发布时间还要考虑平台算法的规律。通过分析短视频平台的数据,可以了解用户使用短视频 App 的高峰期,这样就能够在高峰期发布短视频,提高曝光率和传播效果。

一般来说,短视频 App 通常有 4 个使用高峰时间段:6:30—8:30 早餐和上班时间;11:30—14:00 午饭午休时间;17:00—19:00 下班晚饭时间;22:00—24:00 夜晚睡前时间。不同的时间段,人们要做的事情不同,精神状态也不同。简单来说,就是要在合适的时间里,发布适合观者当下状态的视频作品。

用户活跃度	时间段	用户状态	适合发布的视频类型
★★★	6:30—8:30 早餐、做饭、上班	人们休息一晚,此时是精力最旺盛的时间,适合发布积极的、向上的短视频类型	励志类、早餐类、健身类等
★★★	11:30—14:00 午餐、午休	午间除去午睡外,吃饭和休闲时间不长,更适合发布一些娱乐化的视频	剧情类、吐槽类、搞笑类等
★★★★	17:00—19:00 下班、做饭、晚餐	结束了一天的工作,下班、做饭、吃饭,这段时间是打发碎片化时间的好时机	美食类、旅行类、创意类、兴趣类、影视类、探店类、科技类、动漫类等

续表

用户活跃度	时间段	用户状态	适合发布的视频类型
★★★★★	22:00—24:00 睡前	忙碌一天后，躺下准备睡觉。此时是舒适、放松、慵懒的时间，这个时间段的人往往更感性	鸡汤类、情感类、美食类、育儿类、萌宠类、颜值类、时尚类、美妆类、游戏类、创业知识等

10.3.7 发布定位，锁定同城用户

抖音的"同城"标签可以让作者将视频推荐给同城的用户，让附近的人看到。这个方法不仅适用于地方美食、特色景点等地方性话题，也适用于特定行业的营销推广。如果你是一家本地餐厅，可以使用"同城"标签推广你的特色美食，吸引更多的当地食客前来品尝；如果你是一家本地旅行社，可以使用"同城"标签推广当地的旅游景点，吸引更多的当地游客前来参观。使用"同城"标签能够将视频推荐给本地用户，增加被观看的概率，提高视频的曝光率，从而吸引更多的粉丝和用户关注。

10.3.8 带着"话题"发布作品

热点话题的更迭频率非常快，不同的时间点会出现不同的热门话题，在创作作品时要参考近期热点话题。同样，在发布视频作品的时候也要注意

设置几个热门话题，这样自然就能获得更多的流量和热度，如"#晒晒年夜饭""#春节你回家了吗"和"#考研"等话题。

#晒晒年夜饭

关键词：聚会、欢庆、幸福、年夜饭……

#春节你回家了吗

关键词：春运、回家、团圆、回村、形象反差……

#考研

关键词：考研倒计时、熬夜复习、查询分数……

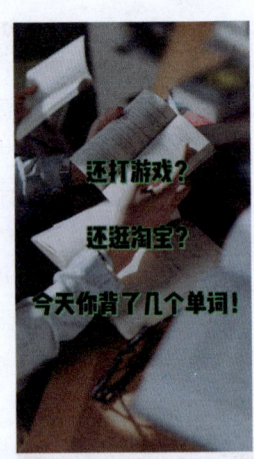

10.3.9 好作品，投DOU+

DOU+是抖音为创作者提供的一种为视频增加热度的工具，可以有效地提高播放量和互动度，增加内容的曝光度，增大"上热门"的概率。使用该工具可以选择投放目标，如点赞评论量、粉丝量、线索量，还可以选择投放时长，如投放时长：3天、2天、24小时、7天等。

（1）找到需要投放DOU+的视频作品，单击下方的 按钮。

（2）单击底部的"上热门"按钮 。

（3）进入"DOU+上热门"界面后，选择"自定义定向推荐"，并根据需求在下方设置目标用户群体。

（4）单击"达人相似粉丝"下的"更多"按钮。

（5）在此处单击"添加"按钮。

（6）选择合适的"达人"，然后支付费用。

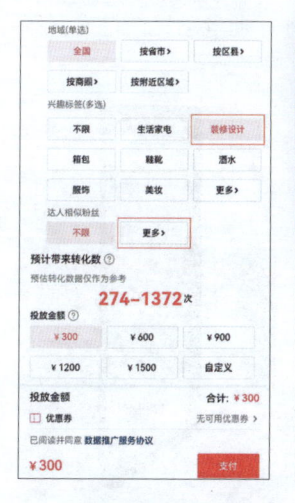

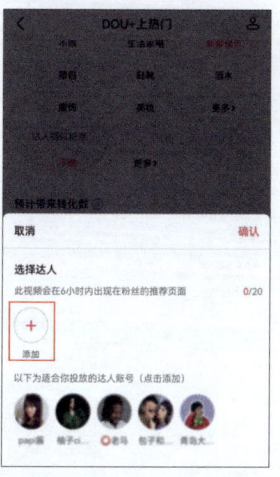

（7）随后该短视频会在一定时间内出现在这些"达人"粉丝的推荐页面中，也就实现了一次精准的流量投放。如果视频足够精彩，说不定还能获得更多的点赞、评论、粉丝等。

10.3.10 分析作品数据，掌握成败原因

要想使自己的视频能够持续"上热门"，就必须学会数据分析。具体来说，就是要分析短视频的后台数据，掌握视频的完播率情况、点赞率情况等。掌握观众在第几秒为你点赞最多，那么这些"高光"时刻就是你的优势，要学会总结，并运用到后面的视频中。

1. 完播率不高，怎么办

当粉丝数量达到一定量级后，可以单击视频右下角的"分享"按钮，然后单击下方的"数据分析"按钮，即可观看该视频的播放时长分布，其中红色曲线是你作品的曲线，蓝色是同时长热门作品的曲线。红色曲线和蓝色曲线越接近，视频的完播率就越高。若曲线差异越大，完播率越差，需要对视频进行进一步优化。而在"数据解读"的下方，则是详细说明了视频中的问题。例如，该视频显示需要优化前2秒的内容，使视频更能留住观众，那么可以从视频封面、视频文案、配乐、表演等方面提升。

2. 分析粉丝们什么时候给视频点赞，总结精彩瞬间

单击"查看视频数据分析"按钮，将会出现曲线图示，图示中高峰的位置为观众点赞的时刻，那么可以对自己的视频作品进行批量总结，得出视频的优缺点和观众的需求。

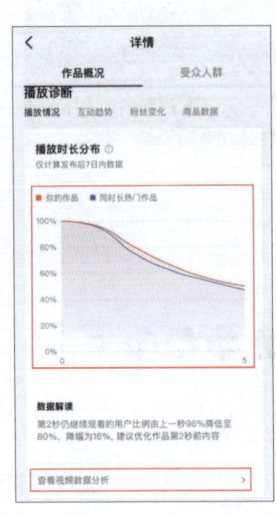

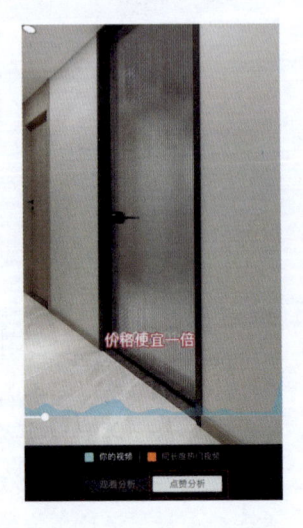

10.3.11 知己知彼，精准分析视频数据

除了使用抖音平台自带的数据分析功能外，还有一些不错的第三方数据分析工具，可用于分析抖音、快手等平台的数据，如飞瓜数据、蝉妈妈、卡思数据、抖查查、新抖等。借助工具，就能轻松了解哪些是热门的、火爆的，从而找到捷径，少走弯路。

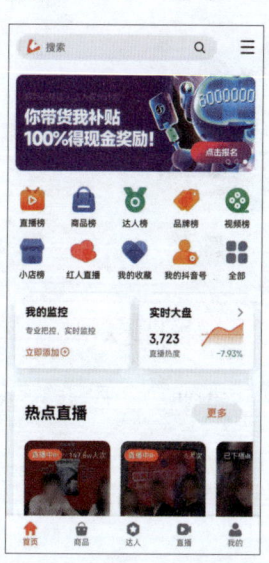

飞瓜数据　　　　　蝉妈妈　　　　　抖查查

通过这些工具可以实现的功能有很多，如查看粉丝排行榜、找涨粉最快的达人、找行业对标达人、抖音热销商品、带货最多的直播间、带货最多的视频、卖货最多的小店、直播数据、电商数据、红人对比、粉丝重合分析、平台红人分布等。同时了解粉丝画像，使短视频策划更加精准。

爆款短视频文案创作指南

热门视频榜

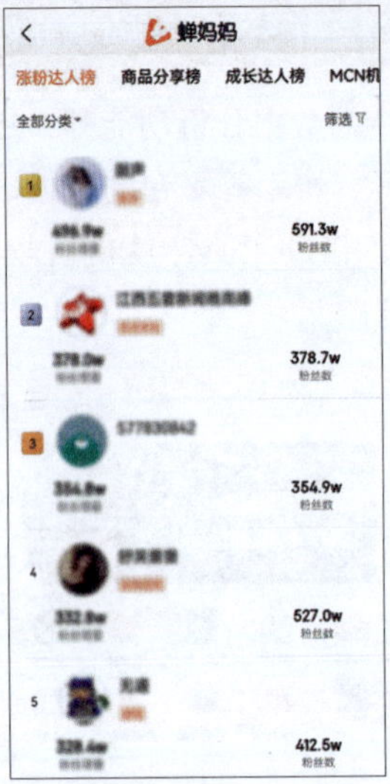

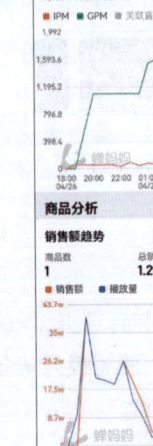

涨粉达人榜

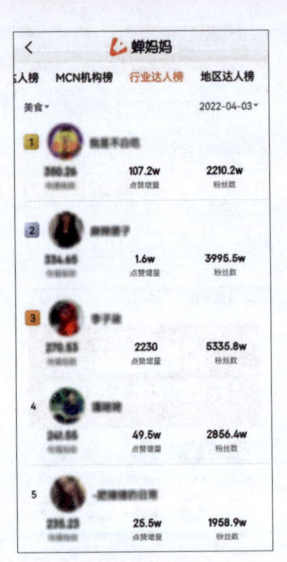

行业达人榜

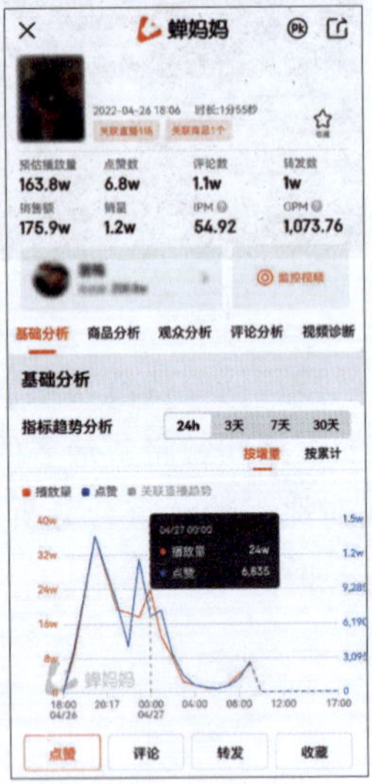

24小时内播放量和点赞曲线

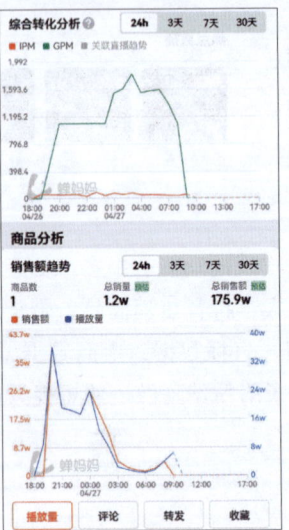

24小时内综合转化分析和销售额趋势

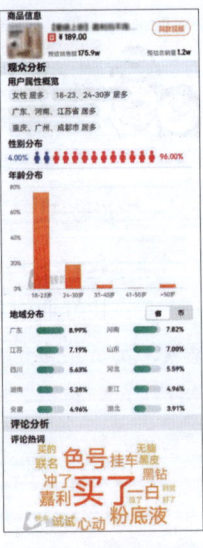

观众画像和评论分析